中国法院2024年度案例

国家法官学院　最高人民法院司法案例研究院 / 编

刑事案例一

（犯罪、刑罚的具体运用、刑事证据、程序）

中国法制出版社
CHINA LEGAL PUBLISHING HOUSE

《中国法院2024年度案例》通讯编辑名单

刘晓虹　北京市高级人民法院
王　凯　北京市高级人民法院
张　荷　天津市高级人民法院
徐翠翠　河北省高级人民法院
崔铮亮　山西省高级人民法院
杨智勇　内蒙古自治区高级人民法院
周文政　辽宁省高级人民法院
苏　浩　吉林省高级人民法院
王　妍　黑龙江省高级人民法院
牛晨光　上海市高级人民法院
缪　芳　江苏省高级人民法院
左一凡　江苏省高级人民法院
谷昔伟　江苏省南通市中级人民法院
宋婉龄　江苏省无锡市中级人民法院
杨　治　浙江省高级人民法院
蒋　莹　浙江省高级人民法院
刘伟玲　安徽省高级人民法院
林冬颖　福建省高级人民法院
李智芹　江西省高级人民法院
李　宁　山东省高级人民法院
张　琦　河南省高级人民法院
宋淼军　湖北省高级人民法院
黄　娅　湖北省宜昌市中级人民法院
唐　竞　湖南省高级人民法院
李　雪　广东省高级人民法院
邹尚忠　广西壮族自治区高级人民法院
韦丹萍　广西壮族自治区高级人民法院
黄文楠　海南省高级人民法院
吴　小　重庆市高级人民法院
任　梦　四川省高级人民法院
杨俊杰　云南省高级人民法院
赵鸿章　云南省昆明市中级人民法院
颜　源　贵州省高级人民法院
戚　雷　贵州省贵阳市中级人民法院
王丽萍　西藏自治区高级人民法院
郑亚非　陕西省高级人民法院
张旦旦　甘肃省高级人民法院
王　晶　青海省高级人民法院
康　莹　宁夏回族自治区高级人民法院
石孝能　新疆维吾尔自治区高级人民法院
洪超胜　新疆维吾尔自治区高级人民法院生产建设兵团分院

序

党的二十大擘画了全面建成社会主义现代化强国、以中国式现代化全面推进中华民族伟大复兴的宏伟蓝图，强调全面依法治国是国家治理的一场深刻革命，必须更好发挥法治固根本、稳预期、利长远的保障作用，在法治轨道上全面建设社会主义现代化国家。为落实习近平总书记“一个案例胜过一打文件”的重要指示精神，人民法院始终把完善中国特色案例制度，加强司法案例研究作为推进全面依法治国、支撑和服务中国式现代化的重要途径，通过发布具有普遍指导意义的典型案例，统一法律适用、提高审判质效，提升司法公信力，努力让人民群众在每一个司法案件中感受到公平正义。为更好满足社会各界和人民群众多元化司法需求，把习近平法治思想落实到人民法院审判工作全过程各方面，人民法院案例库于2024年2月27日正式上线并向社会开放，这是进一步完善中国特色案例制度的重要举措，是最高人民法院推出的新的“公共法律服务产品”。

“中国法院年度案例系列”丛书以及时记录人民法院司法审判工作新发展、新成就为己任，通过总结提炼典型案例的裁判规则、裁判方法和裁判理念，发挥案例鲜活生动、针对性强的优势，以案释法，以点带面，有针对性地阐释法律条文和立法精神，促进社会公众通过案例更加方便地学习法律，领悟法治精神，发挥司法规范、指导、评价、引领的重要作用，大力弘扬社会主义核心价值观，积极服务人民法院案例库建设，加强案例库案例研究，促进统一法律适用、提升审判质效，丰富实践法学研究，增强全民法治意识和法治素养，展现新时代我国法治建设新成就。

“中国法院年度案例系列”丛书自2012年编辑出版以来，已连续出版13年，受到读者广泛好评。为更加全面地反映我国司法审判执行工作的发展进程，顺应审判执行实践需要，响应读者需求，丛书于2014年度新增金融纠纷、行政纠纷、刑事案例3个分册，2015年度将刑事案例调整为刑法总则案例、刑法分则案例2个分册，2016年度新增知识产权纠纷分册，2017年度新增执行案例分册，2018年度将刑事案例扩充为4个分册，2022年度将土地纠纷（含林地纠纷）分册改为土地纠纷（含环境资源纠纷）分册。自2020年起，丛书由国家法官学院与最高人民法院司法案例研究院共同编辑，每年年初定期出版。在全国各级人民法院的大力支持下，丛书编委会现编辑出版《中国法院2024年度案例系列》丛书，共23册。

“中国法院年度案例系列”丛书以开放务实的态度、简洁明快的风格，在编辑过程中坚持以下方法，努力让案例书籍“好读有用”：一是高度提炼案例内容，控制案例篇幅，每个案例字数基本在3000字左右；二是突出争议焦点，尽可能在有限的篇幅内为读者提供更多有效、有益的信息；三是注重释法说理，大多数案例由法官撰写“法官后语”，高度提炼、总结案例的指导价值，力求引发读者思考，为司法审判提供借鉴，为法学研究提供启迪。

“中国法院年度案例系列”丛书编辑工作坚持以下原则：一是以研究案例库案例为首要任务。自今年起，“中国法院年度案例系列”丛书优先选用人民法院案例库案例作为研究对象，力求对案例库案例裁判要旨的基本内涵、价值导向、法理基础、适用要点等进行深入分析，增强丛书的权威性、参考性。二是广泛选编案例。国家法官学院和最高人民法院司法案例研究院每年通过各高级人民法院从全国各地法院汇集上一年度审结的典型案例近万件，使该丛书有广泛的精选基础，通过优中选优，可提供给读者新近发生的全国各地多种类型的典型性、疑难性案例。三是方便读者检索。丛书坚持以读者为本，做到分卷细化，每卷案例主要根据案由（罪名）分类编排，每个案例用一句话概括裁判规则、裁判思路、裁判理念、裁判方法或焦点问题作为主标题，让读者一目了然，迅速找到目标案例。

中国法制出版社始终全力支持“中国法院年度案例系列”丛书的出版，给了编者们巨大的鼓励。2024年，丛书将继续提供数据库增值服务。购买本书，扫描前勒口二维码，即可在本年度免费查阅往年同类案例数据库。我们在此谨表谢忱，并希望通过共同努力，逐步完善，做得更好，探索出一条充分挖掘好、宣传好人民法院案例库案例和其他典型案例价值的新路，为广大法律工作者和社会公众提供权威、鲜活、精准的办案参考、研究素材，更好地服务司法审判实践、服务法学教育研究、服务法治中国建设。

“中国法院年度案例系列”丛书既是法官、检察官、律师等法律工作者的办案参考和司法人员培训辅助教材，也是社会大众学法用法的经典案例读本，同时也为教学科研机构开展案例研究提供了良好的系列素材。当然，编者们在编写过程中也难以一步到位实现最初的编写愿望，客观上会存在各种不足甚至错误，欢迎读者批评指正。我们诚心听取各方建议，立足提质增效，不断拓宽司法案例研究领域，创新司法案例研究方法，助推实现中国特色司法案例研究事业的高质量发展。

国家法官学院　最高人民法院司法案例研究院

2024 年 5 月

目　录

Contents

一、犯　罪

（一）犯罪和刑事责任

二、刑罚的具体运用

（一）量刑

（二）自首和立功

（三）数罪并罚

三、刑事证据

四、程　序

一、犯　罪

（一）犯罪和刑事责任

1

未经国家有关主管部门批准，开发、运营应用程序（APP）平台经营跨境期货交易业务，构成非法经营罪

——史某、杨某非法经营案

【案件基本信息】

1. 裁判书字号

北京市第二中级人民法院（2022）京02刑终42号刑事裁定书

2. 案由：非法经营罪

【基本案情】

2012年11月，被告人史某注册成立科技公司；2013年1月，被告人杨某加入科技公司，任首席技术官，负责开发某1金融、某2金融等软件；为经营期货业务，被告人史某先后于2016年在A国注册成立某公司，于2018年购买证券公司。以上机构均为非经中国证监会批准设立的期货经营机构。

2017年4月至2019年1月，被告人史某伙同杨某等人在某广场×区×号楼×

层科技公司内，在未取得相关期货经营许可证的情况下，开发某1金融、某2金融等APP软件，供投资人进行国际期货交易。经审计，供投资人进行入金、出金的第三方托收平台及梁某某银行账户资金流水达人民币4亿余元；经计算，依托某公司、证券公司，利用某1金融、某2金融等软件，通过某1、某2期货、证券公司等平台入金数额1.4亿余港元、0.2亿余美元。

【案件焦点】

未经国家有关主管部门批准，开发、运营APP平台经营跨境期货交易业务的罪名认定。

【法院裁判要旨】①

北京市丰台区人民法院经审理认为：第一，《期货交易管理条例》规定，禁止在有关主管部门审批或者批准设立的期货交易所、其他期货交易场所之外进行期货交易；未经批准任何单位和个人不得以任何形式组织期货交易及相关活动。本案认定被告人史某、杨某是否构成非法经营罪，取决于被告人的行为是否违反了国家对期货业务经营资格的许可制度。国家对期货公司业务实行许可制度，申请主体是依法设立的期货公司或者经批准设立的其他期货经营机构。科技公司并非依法依规设立的经营期货业务的金融机构，某公司、证券公司并非经中国证监会批准设立的期货经营机构，不符合申请期货业务许可的前提条件。

在案证据证实，被告人从事的并非单一软件服务、托收服务业务。在案被告人供述、科技公司工作人员证言及相关书证能够相互印证，证实本案被告人从事的业务模式是依托某公司、证券公司等公司，利用某1金融、某2金融等软件，实现为投资人开立账户、出金入金、发出交易指令、代理费用结算等期货交易过程中的主要功能，完成境内投资人直接参与国际期货交易。在案证据另证实，投资人在史某实际控制的相关公司及账户入金，在平台操作期货交易，

① 本书【法院裁判要旨】适用的法律法规等条文均为案件裁判当时有效，下文对此不再提示。

交易后果由投资人承担，而史某实际控制的公司根据投资人期货交易笔数计提服务费用，服务费用来自托收资金。

被告人史某、杨某明知其不具有经营期货资格，违反国家规定，未经国家有关主管部门批准非法经营期货业务，扰乱市场秩序，符合非法经营罪的犯罪构成，应认定为非法经营罪。

第二，非法经营行为已达到情节特别严重。在案证据证实，某公司委托科技公司及兄弟公司代为收取其在中国大陆境内客户所支付的人民币款项，而科技公司、兄弟公司委托某1金融及某2金融进行资金托收，审计显示资金流水4亿余元；在案证据另证实，投资人在某1金融、某2金融等软件平台客户端下达的指令，会发送到某公司、证券公司在我国香港特别行政区的服务器，再通过某1、某2期货等平台将指令下达给期货交易所。经对某1、某2期货、某3证券三个平台中客户为某公司及史某的入金金额进行计算，确认本案的犯罪金额已达亿元人民币，应认定为扰乱市场秩序，情节特别严重。被告人史某、杨某未经国家有关主管部门批准，非法经营期货业务，扰乱市场秩序，情节特别严重，二被告人的行为均已构成非法经营罪，依法应予处罚。北京市丰台区人民检察院指控被告人史某、杨某犯非法经营罪的事实清楚，证据确实充分，指控罪名成立。鉴于被告人史某犯罪以后自动投案，到案后能够如实供述主要犯罪事实，系自首，且自愿认罪认罚，故依法对被告人史某从轻处罚；鉴于被告人杨某犯罪以后自动投案，到案后能够如实供述犯罪事实，系自首，自愿认罪认罚，且在共同犯罪中起次要作用，系从犯，故依法对被告人杨某减轻处罚。据此，分别判处：

被告人史某犯非法经营罪，判处有期徒刑五年，并处罚金人民币100万元；被告人杨某犯非法经营罪，判处有期徒刑二年六个月，并处罚金人民币40万元；责令被告人史某、杨某退缴违法所得，依法予以没收；在案冻结账户内钱款，依法并入本判决第三项执行；在案扣押手机，由扣押机关依法处理。

被告人史某、杨某认为一审法院认定犯罪金额错误、量刑过重，提出上诉。北京市第二中级人民法院经审理认为：北京市丰台区人民法院根据史某、杨某犯罪的事实、性质、情节和对社会的危害程度所作出的判决，定罪及适用法律正确，量刑适当，审判程序合法，应予维持。据此裁定：

驳回上诉，维持原判。

【法官后语】①

行为人开发、运营APP平台交易国际期货是否构成犯罪，本案存在不同的意见：第一种意见认为，行为人提供技术开发服务，不应构成犯罪；第二种意见认为，用户使用APP平台交易，造成巨额财产损失，应认定为诈骗罪；第三种意见认为，通过本案APP平台境内用户实现了境外国际期货交易，且未经相关部门许可，应认定为非法经营罪。笔者同意第三种意见，本案被告人的行为应认定为非法经营罪。

《期货交易管理条例》第四条规定，期货交易应当在依照本条例第六条第一款规定设立的期货交易所、国务院批准的或者国务院期货监督管理机构批准的其他期货交易场所进行。禁止在前款规定的期货交易场所之外进行期货交易。本案中，史某、杨某不仅从事了软件开发，其业务模式还主要是依托境外金融公司，利用APP平台实现为投资人开立账户、出金入金、发出交易指令、代理费用结算等期货交易功能，赚取交易服务费。该业务模式虽然以境内外不同法人主体、技术服务合同、托收合同等为包装，意图在规避国家法律法规及金融监管的“灰色地带”实现跨境期货交易功能，但是刑事案件要求实质审查；虽然史某在境外购买了金融资质，但其在国内从事期货业务，应经国务院期货监督管理机构批准，遵守国内监管规定。史某、杨某开发、运营跨境期货交易APP，为境内投资人进行跨境期货交易服务，已经触及非法经营罪的“法律红线”。2022年4月20日颁布的《中华人民共和国期货和衍生品法》中对期货程序化交易、跨境期货交易的监管规定，也支持了本案裁判理由，即从事上述业

① 本书【法官后语】对此类法律问题涉及的法律法规等内容进行了时效性更新，下文不再对此进行提示。

务应当经国务院期货监督管理机构批准。[①] 故笔者认为，是否经营期货业务应实质审查，不以形式上的技术服务合同认定。

目前，有关期货网络平台的刑事裁判主要涉及非法经营罪和诈骗罪。期货网络交易平台的表面业务模式虽然均为投资交易，但实际上二者的犯罪手段、获利方式存在本质的不同。在判处诈骗罪的案例中，期货网络交易平台无法真正实现进入期货市场真实交易的功能，而是以自行编写、控制的“虚拟盘”，许诺高回报指导用户交易等手段，实现控制用户盈亏的功能，最终占有用户大部分“投资款”，即通过虚构事实使用户陷入错误认识，实现非法占有的目的。在审查该类案件是否有虚构事实情形时，很可能存在取证困难的问题。例如，本案科技公司将期货交易使用的服务器和网络域名设立在境外，导致在固定、封存、调取交易数据方面困难重重。本案法庭根据投资者的投资交易记录与境外公司向期货公司交易流水进行数据比对，经鉴定，二者在“合约代码”“买卖”“数量”“成交价”方面匹配到相同数据，也印证了跨境期货交易是真实交易，排除了该公司存在“虚拟盘”的情况，实现对认定非法经营罪的内心确信。数据比对方法也不失为一种判断交易真实性、兼顾效率与公平的好方法。故笔者认为区分诈骗罪和非法经营罪，重点审查是否存在“虚拟盘”、许诺高回报等虚构事实行为。

编写人：北京市丰台区人民法院　张慧心　吴恬

① 《中华人民共和国期货和衍生品法》第二十一条规定：“通过计算机程序自动生成或者下达交易指令进行程序化交易的，应当符合国务院期货监督管理机构的规定，并向期货交易场所报告，不得影响期货交易场所系统安全或者正常交易秩序。”第一百二十二条第二款规定：“境内机构为境外机构在境内从事期货市场营销、推介及招揽活动，应当经国务院期货监督管理机构批准。”

2

故意伤害案件中正当防卫的正确认定

——胡某某故意伤害案

【案件基本信息】

1. 裁判书字号

山东省淄博市中级人民法院（2021）鲁 03 刑终 75 号刑事附带民事裁定书

2. 案由：故意伤害罪

【基本案情】

2020 年 6 月 15 日 17 时许，被告人胡某某与翟某在王某某家酒后发生口角，其间翟某扇了胡某某耳光，随后二人被王某某劝离。被告人胡某某到家时，在其家门口和翟某相遇，二人遂发生口角继而厮打，厮打过程中，被告人胡某某致被害人翟某倒地，后胡某某从地上捡拾石块朝翟某头面部击打数下，致翟某受伤，后胡某某拨打 110 报警投案。2020 年 6 月 16 日，经淄博市淄川区公安司法鉴定中心鉴定，翟某损伤程度属重伤二级。2020 年 12 月 24 日，经司法鉴定所鉴定，翟某属一处七级伤残、二处十级伤残。

【案件焦点】

被告人胡某某的行为是否构成正当防卫。

【法院裁判要旨】

山东省淄博市淄川区人民法院经审理认为：依照被害人陈述、证人证言、现场勘验检查记录及照片、鉴定意见、书证、被告人供述和辩解等证据相互印证，被告人胡某某自愿认罪认罚，被告人胡某某因琐事故意伤害他人身体致一人重伤二级，其行为已构成故意伤害罪。依照《中华人民共和国刑法》第二百三十四条第二款、第六十七条第一款、第六十四条、第六十一条、第三十六条第一款，《最高人民法院关于适用〈中华人民共和国刑事诉讼法〉的解释》第一百九十二条第一款和第二款，《中华人民共和国侵权责任法》第十六条之规定，作出如下判决：

一、被告人胡某某犯故意伤害罪，判处有期徒刑五年六个月；

二、作案工具由公安机关依法予以没收；

三、被告人胡某某赔偿附带民事诉讼原告人翟某医疗费 60510.12 元、护理费 15360 元、住院伙食补助费 1920 元、误工费 16938.5 元、鉴定费 1900 元、交通费 2000 元，以上共计 98628.62 元，于判决生效后十日内支付完毕；

四、驳回附带民事诉讼原告人翟某的其他诉讼请求。

胡某某不服一审判决，以“其行为系正当防卫，不构成犯罪”等为由提出上诉，请求二审法院依法改判。山东省淄博市中级人民法院经审理认为：胡某某因琐事故意伤害他人身体致一人重伤二级，其行为已构成故意伤害罪，一审法院据此认定其犯故意伤害罪并无不当。胡某某的行为不符合正当防卫的法律规定。故胡某某的上诉理由不能成立，不予采纳。依照《中华人民共和国刑事诉讼法》第二百三十六条第一款第一项之规定，裁定：

驳回上诉，维持原判。

【法官后语】

本案涉及的主要问题在于，被告人胡某某的行为是否具有防卫性质并被认定为正当防卫。构成正当防卫要具备五项要素，即防卫意图、防卫起因、防卫时间、防卫对象、防卫限度。本案要综合考虑五项要素来判断被告人胡某某是否构成正当防卫。故意伤害主观上要有伤害的故意，客观上实施非法损害他人身体健康的行为，最终造成致人损伤的结果。另外需要注意的是，防卫行为与厮打斗殴在外观上具有相似性，准确区分二者要坚持主客观相统一原则，通过综合考量案发起因、经过、双方的语言、攻击力量对比以及双方的表现等客观情节，准确判断行为人的主观意图和行为性质。

具体到本案中，被告人胡某某与翟某酒后发生口角，其间翟某扇了胡某某耳光，随后二人被王某某劝离。被告人胡某某到家时，在其家门口又和翟某相遇，二人遂发生口角继而厮打，厮打过程中，被告人胡某某致被害人翟某倒地，后胡某某从地上捡拾石块朝翟某头面部击打数下，致翟某受伤，后胡某某报警投案。

首先，被告人胡某某的行为不具有防卫时间的正当性。正当防卫需要针对正在进行的不法侵害，这就要求不法侵害具有紧迫性。本案中，从被告人胡某某的供述得知，被告人胡某某到家时，其大门是敞开的，还有几米到家的时候翟某骂他，拿起木板撵他三四十米，他就逃跑了。考虑当时的情景，可以判定当时并不具备不法侵害的紧迫性，胡某某仍有机会选择逃离，或者跑至家中将门关上避免冲突；再者，厮打过程中，被告人胡某某致被害人翟某倒地，在翟某被打倒在地后头面朝上，脚朝西，没有后续的起身还击的行为的情况下，也没有现实、紧迫的危险，故不具备正当防卫时间适时的要求。

其次，胡某某不具备防卫意图的正当性。第一，胡某某在不具备实施正当防卫的前提条件及不具有防卫的紧迫性条件下，在翟某倒地后仍然实施朝翟某头面部击打数下的行为，其行为明显超出了防卫的意图；第二，胡某某的行为足以彰显其伤害他人的故意。在厮打过程中，被告人胡某某致被害人翟某倒地，后胡某某又从地上捡拾石块朝翟某头面部击打数下，致翟某受伤，其伤害故意的心理状态及行为的暴力程度，明显属于一种反击行为，不具有防卫意图。

最后，本案中并不存在防卫对象和限度问题。在被害人翟某倒地后被告人胡某某继续朝翟某头面部击打数下，被害人此时并无反击行为，不具有攻击性，因此此时并不存在防卫对象，更不具有不法侵害即不具备防卫的起因条件。本案中虽然被害人也具有过错，然而从厮打过程来看被告人仍有能力避免不法侵害，但是其故意实施足以致人伤害的行为进行反击，造成被害人重伤二级，实则以防卫之名行伤害之实，不能认定为防卫行为。

本案的处理，即胡某某的行为属于故意伤害还是正当防卫应当综合加以认定。要根据案发起因、经过、双方表现行为及正当防卫条件等加以佐证。从起因来看，胡某某与翟某酒后发生口角，其间翟某扇了胡某某耳光，致使矛盾产生。后被告人胡某某到家时，在其家门口又和翟某相遇，二人遂发生口角继而厮打，造成矛盾进一步升级。从案件经过及双方表现来看，胡某某将翟某打倒在地后，在翟某无反击能力的情况下，继续对翟某进行加害行为，致使翟某受伤后才拨打报警电话，表明其并不是为了保护自身的合法权利免受不法侵害，而是出于一种伤害的故意，其故意伤害的行为最终造成翟某重伤二级的严重后果，故不能认定为正当防卫，应以故意伤害论处。综上所述，根据正当防卫的相关法律规定和犯罪事实、情节、性质、社会危险性等综合考虑，应认定被告人胡某某犯故意伤害罪。

正当防卫是法律赋予公民的一项权利，是为了使本人或者他人的人身免受不法侵害而依法设定的。但同时不能以正当防卫为借口而逃避法律责任，以防卫为名行不法侵害之实的违法犯罪行为，不能认定为防卫行为，要考虑案件具体发生的起因和经过、立足防卫的具体情境，结合双方的态度、表现、反应行为、对抗力量对比等，综合把握符合正当防卫要求的条件而作出认定。要准确把握案件事实、查明前因后果、立足情境，按照社会公众的一般认知，依法作出合乎情理的判断，做到社会效果和法律效果的统一。

编写人：山东省淄博市淄川区人民法院 李佳霖 王子莹

3

因琐事引发争执发生打斗过程中“互殴”与正当防卫的区分认定

——尚某故意伤害宣告正当防卫无罪案

【案件基本信息】

1. 裁判书字号

天津市第一中级人民法院（2021）津 01 刑终 120 号刑事附带民事判决书

2. 案由：故意伤害罪

【基本案情】

2019 年 9 月 24 日 22 时许，刘某与朋友一起前往红桥区×号路×道交口的流动餐桌吃夜宵，偶遇上诉人尚某，刘某遂邀尚某一同饮酒。其间，刘某因不满尚某说话夸张，对其出言教训，二人因此发生轻微口角。后刘某将尚某叫出，意欲再次对其教训。此时已至 9 月 25 日 1 时 35 分许。刘某与尚某来到附近一变电箱旁边，刘某首先掌掴尚某面部一下，后又踢踹尚某一脚，尚某回踹刘某一脚。当刘某再次用右脚踢踹尚某时，尚某顺势将刘某右脚抱住，并往左侧移动数步，身体前倾，刘某随即摔倒在地，尚某同时扑倒在地。刘某报警，民警赶至现场将尚某抓获。

经天津市法医学鉴定中心鉴定，被鉴定人刘某外伤致：（1）左锁骨中段骨折，评定为轻伤二级；（2）左冈上肌腱全层撕裂，评定为轻伤二级；（3）左锁骨处皮肤瘢痕 10.4 厘米，评定为轻伤二级；（4）右环指远节指骨基底骨折，评定为轻微伤。经天津市津实司法鉴定中心鉴定，被鉴定人刘某左锁骨骨折在倒地过程中可以形成。刘某左侧锁骨粉碎性骨折，新鲜性。

【案件焦点】

尚某的行为是否构成正当防卫。

【法院裁判要旨】

天津市红桥区人民法院经审理认为：尚某遇事不能冷静处理，故意伤害他人身体，致人轻伤，其行为已构成故意伤害罪，公诉机关指控的事实及罪名成立，予以确认。鉴于被害人对本案发生具有一定过错，对尚某酌情从轻处罚。对被害人代理人所提被害人不具有过错的意见，不予采纳。公诉机关的量刑建议适当，予以采纳。尚某的犯罪行为造成附带民事诉讼原告人刘某的损失，依法应当予以赔偿。因刘某对本案发生具有一定过错，应当自行承担损失的20%，即16361.39元。综上，依照《中华人民共和国刑法》第二百三十四条第一款、第三十六条第一款，《中华人民共和国刑事诉讼法》第一百零一条第一款、第一百零三条，《中华人民共和国民事诉讼法》第二百五十三条，《最高人民法院关于适用〈中华人民共和国刑事诉讼法〉的解释》第一百三十八条第二款、第一百五十五条第一款及第二款之规定，判决如下：

一、被告人尚某犯故意伤害罪，判处有期徒刑一年四个月；

（刑期从判决执行之日起计算。判决执行以前先行羁押的，羁押一日折抵刑期一日。）

二、被告人尚某赔偿附带民事诉讼原告人刘某经济损失共计人民币65445.56元，于本判决生效之日起三十日内付清，逾期未给付的，应当加倍支付迟延履行期间的债务利息；

三、驳回附带民事诉讼原告人刘某的其他诉讼请求。

一审宣判后，尚某以其行为属于典型的正当防卫，不应当按故意伤害罪定罪处罚，被害人受伤的结果完全是由被害人自身过错所导致，其不应承担任何赔偿责任为由提出上诉。

天津市第一中级人民法院经审理认为：正当防卫是指为了使国家公共利益、本人或者他人的人身、财产和其他权利免受正在进行的不法侵害，对实施不法侵害的人所采取的必要防卫行为。正当防卫是公民依法享有的权利。我国刑法明确规定，正当防卫不负刑事责任。

首先，本案是由刘某无故挑衅引起的。根据上诉人尚某供述、附带民事诉讼原告人刘某陈述及证人孙某、杨某某证言可以证实，众人在一起喝酒时，刘某因对尚某说话不满而数落尚某，尚某时不时回嘴，之后刘某将尚某叫出。从案件起因上看，刘某首先指摘尚某，挑起矛盾，然后又主动将尚某叫出，直接导致了该案的发生。故在案件的起因上，刘某的过错是十分明显的。

其次，刘某对尚某实施了不法侵害行为。根据尚某供述、刘某陈述以及监控视频证实，刘某上来先打了尚某一个耳光，接着踹尚某一脚，尚某才回踹了刘某一脚。刘某先动手殴打对方，虽然打击强度有限，但先是打了尚某一记带有侮辱性的耳光，然后在尚某并未还击的情况下，继续踢踹对方。刘某挑起事端又接连打人，其行为明显属于正在进行的不法侵害。虽然刘某的不法侵害行为尚未达到暴力侵害或者犯罪的程度，但已属违法行为。尚某具备了正当防卫的前提。

再次，双方的行为不属于“互殴”。同样根据上述证据证实，尚某在刘某先打其一个耳光踹其一脚后回踹了刘某一脚，但并未踹中刘某，接着刘某又踹尚某时，尚某随即抱住刘某的脚，移动数步后，刘某倒地尚某随之倒地。尚某回踹一脚并未给刘某造成任何实质性伤害，而刘某的伤是被对方趁势抱住腿后二人均失去平衡摔倒形成的。尚某抱住刘某踢踹过来的腿，是保护自己本能的反应，虽然其抱住腿后没有立即松手，移动了几步才松手，但移动的距离和时间都很短。尚某在案发时已经 60 岁，且为酒后面对他人的突然踢踹攻击，重心不稳，出现踉跄具有合理性。即便尚某抱刘某腿并移动的动作是有意为之，在如此短的时间内，要求立即做出不伤害到对方的正确选择，显然加重了尚某的注意义务。在针对不法侵害时，防卫一方不仅会作出遮挡本身要害部位的动作，也会作出抵抗侵害令对方不能继续加害的动作，如迎击、格挡对方打过来的拳脚，只要没有形成新的反击行为，均不应当认定为“互殴”。防卫行为与相互斗殴具有外观上的相似性，准确区分二者要坚持主客观相统一原则。本案由刘某引起，其对冲突升级存在明显过错，而尚某未采用明显不相当的暴力，故不应将尚某的行为认定为“互殴”。

最后，尚某的防卫行为没有超过必要限度。如前所述，尚某抱住刘某的脚后没有及时松手，通过较短距离的移动造成双方分别倒地。鉴定意见证实刘某的伤情为三处轻伤二级，一处轻微伤。尚某防卫动作并不激烈，所造成的后果亦不严重。尚某在刘某倒地后，也没有再实施任何加害行为。认定防卫过当应当同时具备“明显超过必要限度”和“造成重大损害”两个条件，缺一不可。刘某在冲突的过程中始终处于主动地位，其在打尚某耳光且尚某未还手的情况下，并未收手继续踢踹对方，具有进一步伤害尚某的紧迫危险性和现实可能性。并且从伤情看最终刘某也只是摔成轻伤，不属于重大损害。故对尚某的行为也不应认定为防卫过当。

上诉人尚某的行为具有防卫性质且没有超过必要限度，并未造成重大损害，属于正当防卫，依法不负刑事责任。尚某的上诉理由成立，应予支持；对二审辩护人、检察员的意见予以采纳。天津市红桥区人民法院（2020）津 0106 刑初 210 号刑事附带民事判决适用法律有误，给予纠正。另，尚某在二审期间主动提出，自愿补偿刘某 2 万元，予以照准。

综上，依照《中华人民共和国刑法》第二十条第一款，《中华人民共和国刑事诉讼法》第二百三十六条第一款第二项及《最高人民法院关于适用〈中华人民共和国民法典〉时间效力的若干规定》第一条第二款，《中华人民共和国民法总则》第一百八十一条第一款之规定，判决如下：

一、撤销天津市红桥区人民法院（2020）津 0106 刑初 210 号刑事附带民事判决；

二、上诉人（原审被告人）尚某无罪；

三、驳回原审附带民事诉讼原告人刘某的诉讼请求。

【法官后语】

正当防卫是法律赋予公民的权利，是与不法行为作斗争的重要法律武器。近年来，涉正当防卫案件常常引发广泛关注，为积极回应社会关切，大力弘扬社会主义核心价值观，《最高人民法院、最高人民检察院、公安部关于依法适用正当防卫制度的指导意见》，对准确适用该制度作出了指引。实践中，对于因琐事发生争执继而引发打斗的案件，判断行为人的行为是“互殴”还是防卫，较之一般案件更为困难，须妥当把握，对二者作出区分认定。本案即因琐事发生争执继而引发打斗并造成轻伤的案件，一审法院以尚某故意伤害判处其有期徒刑一年四个月，尚某以其行为构成正当防卫为由提出上诉。二审结合具体案情，分析事件前因后果，立足当时情境，结合一般人在类似情况下的反应，对当事人的行为依法、准确作出认定。

首先，正当防卫的前提是存在不法侵害，不法侵害既包括暴力侵害或犯罪行为，也包括违法行为，对于遭受轻微暴力侵害或者非暴力侵害以及违法行为的，行为人具有正当防卫的前提。本案由刘某无故挑衅引起，且先动手殴打对方，虽然打击强度有限，但其先是打了尚某一记侮辱性极强的耳光，然后在尚某并未还击的情况下，继续踢踹对方。刘某挑起事端又接连打人，其行为明显属于正在进行的不法侵害。虽然该不法侵害行为尚未达到暴力侵害或者犯罪的程度，但已属违法行为，尚某具备了正当防卫的前提。

其次，防卫行为与相互斗殴具有外观上的相似性，准确区分二者要坚持主客观相统一原则。因琐事发生争执，双方均不能保持理智而引发打斗，对于一方先动手，在对方努力避免冲突的情况下仍继续侵害的，还击一方不仅会作出遮挡本身要害部位的动作，也会作出抵抗侵害令对方不能继续加害的动作，如迎击、格挡对方打过来的拳脚，只要没有形成新的反击行为，则不应当认定为“互殴”，一般而言该还击一方的行为应当认定为防卫行为。本案中，尚某回踹一脚并未给刘某造成实质性伤害，而刘某的伤是在其主动攻击过程中被对方趁势抱住腿摔倒形成的。尚某抱住刘某踢踹过来的腿，是保护自己时的本能反应，虽然其抱住腿后没有立即松手，移动了几步才松手，但移动的距离和时间都很短。尚某在案发时已经60岁，且为酒后面对他人的突然踢踹攻击，重心不稳，出现踉跄具有合理性。即便其是有意为之，但在如此短的时间内，立即做出不伤害到对方的正确选择显然加重了尚某的注意义务。本案由刘某引起，其对冲突升级存在明显过错，而尚某未采用明显不相当的暴力，故不应将尚某的行为认定为“互殴”。

最后，对防卫人的行为是否超过必要限度的判断，应结合不法侵害的手段、强度、危害程度、进一步损害的紧迫危险性和现实可能性，以及防卫的时机、手段、强度、损害后果等情节，立足防卫人防卫时所处情境，结合社会公众的一般认知予以认定。本案中，从不法侵害行为看，刘某在冲突的过程中始终处于主动地位，其在打尚某耳光且尚某未还手的情况下，并未收手继续踢踹对方，具有进一步损害尚某的紧迫危险性和现实可能性；从防卫情节看，尚某抱住刘某的脚后没有及时松手，通过较短距离的移动造成双方分别倒地。鉴定意见证实刘某的伤情为三处轻伤二级，一处轻微伤，不属于重大损害。尚某防卫动作并不激烈，所造成的后果亦不严重。尚某在刘某倒地后，也没有再实施任何加害行为。故对尚某的行为不应认定为防卫过当。

综上，尚某在遭受不法侵害时，采取了必要的防卫行为，并未造成重大损害，属于正当防卫，依法不负刑事责任。尚某的上诉理由成立，应予支持。

此外，二审庭审后，尚某主动提出，双方案发前就相识，终究该事件导致刘某身体受伤的后果，本着人道主义精神，愿意拿出 2 万元对刘某进行补偿，并已将上述款项交至法院。经做双方调解工作，刘某仍执意要求追究尚某的刑事责任，并提出 10 万元的赔偿请求，不能达成和解，故法院依法对附带民事赔偿部分与刑事部分一并作出判决。

正当防卫不仅是防卫人不负刑事责任、民事责任的法律依据，更是公民和不法侵害作斗争的法律武器。笔者认为，司法审判要坚持主客观相统一原则，准确判断行为人的主观意图和行为性质，切实纠正“谁死伤谁有理，谁伤重谁有理”的错误倾向，坚决捍卫“法不能向不法让步”的法治精神。

编写人：天津市第一中级人民法院 孙健 王珊

4

强制猥亵主观目的的司法认定

——范某强制猥亵案

【案件基本信息】

1. 裁判书字号

福建省厦门市中级人民法院（2022）闽 02 刑终 252 号刑事判决书

2. 案由：强制猥亵罪

【基本案情】

2020 年 6 月 24 日 6 时 35 分至 57 分许，被告人范某乘坐扶梯到厦门地铁文灶站站厅内，以其患有前列腺增生致小便不畅需要帮助为由，先后将被害人郑某、谭某叫至该站厅男厕内。在男厕所小隔间狭窄的空间内强拉被害人郑某、谭某的手按揉其阴茎，并将其手伸入被害人郑某、谭某裤子内强行按揉其阴茎。2020 年 6 月 25 日，被告人范某在某小区被公安机关抓获。

【案件焦点】

1. 在仅有被害人陈述和被告人供述两类直接证据且二者互相冲突时，如何认定被告人具有强制猥亵的主观目的；2. 被告人以帮忙为由，采取被害人避之不及的方式强拉他人手部按揉其阴茎及强行按揉他人阴茎的行为是否构成强制猥亵罪。

【法院裁判要旨】

福建省厦门市海沧区人民法院经审理认为：首先，两名被害人陈述应予以采信，本案不存在被害人诬告的情形，且两位被害人的陈述可以相互印证，证实被告人实施行为的具体过程；其次，被告人范某具有猥亵目的，被告人范某在事发前两周内集中表现出的行为直接表明其有看男性生殖器的“爱好”，其在品格方面存在瑕疵，结合其要求被害人随其到卫生间实施具有性表征意义行为的异常举动，认定其具有猥亵目的；最后，被告人行为构成强制猥亵罪，一是其行为具有强制性，二是被告人所为对于被害人羞耻心冒犯程度较大。

综上，被告人范某在公共场所的卫生间隔间，采取被害人避之不及的方式强拉他人手部按揉其阴茎及强行按揉他人阴茎猥亵二名男性，其行为已构成强制猥亵罪。公诉机关指控的罪名成立。对于辩护人提出被告人犯罪行为情节轻微的意见，因被告人范某不仅让被害人揉捏其阴茎，还在被害人毫无准备的情况下按揉他人阴茎，侵害的身体部位代表的性象征意义明显，且被害人均为身穿校服的在校生，不能认为其犯罪行为情节轻微。被告人范某猥亵对象包括一名未成年人，酌情从重处罚。本案发生在2021年3月1日施行的《中华人民共和国刑法修正案（十一）》前，应适用修正前的《中华人民共和国刑法》的规定。

福建省厦门市海沧区人民法院依照《中华人民共和国刑法》第二百三十七条第一款、第十二条之规定，判决如下：

被告人范某犯强制猥亵罪，判处有期徒刑一年六个月。

被告人范某不服一审判决，提起上诉。福建省厦门市中级人民法院经审理同意一审法院裁判意见，但鉴于上诉人范某的犯罪情节较为轻微，且二审期间自愿认罪悔罪，考虑其年龄较大，身患多种疾病，可以对上诉人范某适用缓刑。福建省厦门市中级人民法院依照2015年《中华人民共和国刑法修正案（九）》修正的《中华人民共和国刑法》第二百三十七条第一款，《中华人民共和国刑法》第十二条、第七十二条、第七十三条，《中华人民共和国刑事诉讼法》第二百三十六条第一款第一项和第二项之规定，判决如下：

一、维持厦门市海沧区人民法院（2022）闽0205刑初101号刑事判决对范某之定罪部分；

二、撤销厦门市海沧区人民法院（2022）闽0205刑初101号刑事判决对范某之量刑部分；

三、上诉人范某犯强制猥亵罪，判处有期徒刑一年六个月，缓刑二年。

（缓刑考验期自判决确定之日起计算。）

本判决为终审判决。

【法官后语】

本案的争议焦点在于：（1）在仅有被害人陈述和被告人供述两类直接证据且二者互相冲突时，如何认定被告人具有猥亵的主观目的；（2）被告人以帮忙为由，采取被害人避之不及的方式强拉他人手部按揉其阴茎及强行按揉他人阴茎的行为是否构成强制猥亵罪。

一、被告人主观上猥亵目的的认定

强制猥亵案件有其特殊性，即在事件发生过程中，一般仅有被害人陈述和被告人供述两类直接证据，在两类证据发生冲突时，应审查言词证据是否可信，并结合其他如被告人的品格证据，据以判断行为人的主观意思。

第一，审查被害人的陈述。被害人陈述作为直接证据，能够一步到位地证明案件主要事实。一方面，判断被害人是否可能诬告被告人。本案两名被害人与被告人并不相识，不存在让被告人范某承受不白之冤的动机。另一方面，审查证据之间是否相互印证。本案两位被害人的陈述相互印证，证实被告人实施行为的具体过程，且对过程的陈述与被告人供述过程基本吻合，只是各自认为的目的不同，若非亲历此过程，不可能将此描述得如此详细具体。

第二，审查被告人的供述。结合案情、在案证据和常情常理进行分析，判断被告人供述和辩解是否符合案情和常理。一是判断被告人对案发过程的供述。被告人对过程的供述与被害人陈述过程基本吻合，只是各自认为的目的不同。据此，可以基本明确案发经过。二是结合在案其他间接证据判断。根据监控视频所示，被告人并未上厕所，不存在先上厕所发现排尿困难的情况，而是在下扶梯后直接等待下行的郑某并叫其到卫生间。三是结合常情常理判断。被告人在短短20分钟内，先后叫了三人进入卫生间帮忙，但其到医院后并没有就此身体情况寻求医生帮助。且其辩称只是因为需要他人帮忙排尿，在此过程中不小心碰触到被害人的隐私部位。其上述辩解不符合常理。

第三，综合判断被告人的品格证据。被告人在案发前集中在网络上通过直播、私聊，以观看男性生殖器、手淫等方式追求异常性刺激，其也承认对男性生殖器及性行为“好奇”，此种“好奇”是对性刺激的追求。因此，被告人在品格方面存在瑕疵。

结合查明的被告人异常要求、举动，并在没有尝试其能否自主排尿的情况下，径直要求被害人随其到卫生间实施具有性表征意义的行为。综上，被告人范某具有猥亵目的。

二、被告人行为构成强制猥亵罪的认定

第一，被告人行为具有强制性。被告人以需要帮忙为理由，使得同性被害人降低防范意识。加之，被告人在卫生间狭小的隔间内而不是小便池前实施上述行为，因空间狭小，也使得被害人回旋余地减小。同时，范某在未经过被害人同意的情况下，不仅让被害人触碰其阴茎，还突然将手伸向被害人阴茎，也让被害人处于来不及反抗的境地。

第二，被告人所为对于被害人羞耻心冒犯程度较大。被告人需要帮助应以最大限度避免实施帮助的人误会为底线，其行为不能超越常人对于公序良俗的认知。常人对于隐私部位的保护，不仅是不能被窥视，更是不能被轻易碰触。然而，被告人所为已经突破了底线，按压后腰行为尚可接受，但强拉被害人的手揉捏其阴茎已经违背了被害人的帮助意愿，将手伸入被害人的内裤中碰触被害人的阴茎更是对被害人身体权利的侵犯。

因此，被告人的行为已构成强制猥亵罪。

编写人：福建省厦门市海沧区人民法院　芦絮　尹志泉

5

被告人与被害人供述不一致情况下对多次猥亵行为的认定

——陈某猥亵儿童案

【案件基本信息】

1. 裁判书字号

福建省厦门市中级人民法院（2022）闽 02 刑终 435 号刑事裁定书

2. 案由：猥亵儿童罪

【基本案情】

被告人陈某与被害人陈某 1（2011 年 1 月 8 日出生）同住在厦门市海沧区某大厦 1 号楼。2021 年 10 月至 11 月 7 时左右，被告人陈某多次在某大厦 1 号楼一楼休闲区，以触摸胸部、阴部、使用手机播放淫秽视频、拉被害人陈某 1 的手触摸其阴茎、露出阴茎让被害人陈某 1 将事先套在陈某阴茎上的三个铁环取下等方式猥亵被害人陈某 1。2021 年 12 月 4 日 19 时 55 分许，被告人陈某将被害人陈某 1、陈某 2（2011 年 5 月 16 日出生）带到某大厦 1 号楼一楼休闲区，以使用手机播放淫秽视频让两名被害人观看、用手抚摸胸部的方式对被害人陈某 2 进行猥亵，并拉被害人陈某 1、陈某 2 的手触摸其阴茎。后被害人陈某 1、陈某 2 将上述情况告知被害人亲属陈某 3、陈某 4，陈某 4 于当天 21 时报警。2021 年 12 月 4 日，民警在厦门市海沧区某大厦将被告人陈某抓获，并在被告人陈某家中搜查出铁质圆环予以扣押。扣押在案的手机、铁质圆环已随案移送。

【案件焦点】

能否认定被告人陈某实施了多次猥亵行为。

【法院裁判要旨】

福建省厦门市海沧区人民法院经审理认为：被告人陈某多次采用播放淫秽视频、触摸被害人胸部和阴部、拉被害人的手触摸其阴茎以及让被害人将套在阴茎上的铁环取下等方式猥亵两名年龄不满十四周岁的女童，其行为已构成猥亵儿童罪。公诉机关指控的罪名成立。辩护人提出被告人犯罪行为情节轻微，对其从轻处罚并适用缓刑的意见，因被告人陈某多次对女童猥亵，社会危险性大，不符合适用缓刑的条件。

福建省厦门市海沧区人民法院依照《中华人民共和国刑法》第二百三十七条第三款第一项、第六十四条之规定，判决如下：

一、被告人陈某犯猥亵儿童罪，判处有期徒刑八年；

（刑期从判决执行之日起计算。判决执行以前先行羁押的，羁押一日折抵刑期一日，即自2021年12月5日起至2029年12月4日止。）

二、扣押在案的作案工具——手机及铁环予以没收。

被告人陈某持原审辩解提出上诉。福建省厦门市中级人民法院同意一审法院的裁判意见，依照《中华人民共和国刑事诉讼法》第二百三十六条第一款第一项之规定，裁定如下：

驳回上诉，维持原判。

【法官后语】

本案的焦点问题是能否认定被告人陈某实施了多次猥亵行为。

一种观点认为，公诉机关指控被告人陈某具有多次猥亵的加重情节，证据不足。理由如下：本案除被害人陈某1陈述外，无其他证据证实陈某1之前多次被猥亵。（1）证人陈某某证明陈某1存在早上上学迟到情形，但没有追究原因，其证言无法证明被害人陈某1被猥亵的事实。（2）证人陈某5证明陈某1告诉其早上上学多次被陈某猥亵的情况，但证人陈某5的证言属于传来证据，来源于陈某1的陈述，无法单独证明陈某1多次被猥亵。(3) 没有证据证实陈某1所陈述的陈某自2021年6月、7月以来，7时左右猥亵陈某1的事实，而且，对于陈某是否具备作案时间、地点、条件等，公诉机关也未提供相关证据予以佐证。根据举证责任的归责原则，应由公诉机关对多次猥亵的事实承担举证责任，如公诉机关提供的证据达不到确实、充分的证明标准，则应承担不利后果。因此，公诉机关指控被告人陈某除本案所涉两起猥亵行为外还存在多次猥亵行为，仅有被害人的言词证据，尚无其他客观证据予以佐证，不应予以认定。

另一种观点认为，可以认定被告人陈某多次猥亵行为成立。理由如下：虽然本案因为被害人报案时间较晚导致除被告人陈某自认的两次猥亵行为外的多次猥亵行为没有其他客观证据予以佐证，但是结合被害人陈某1的年龄和陈述的细节，应采信被害人陈某1的陈述，认定陈某多次对陈某1实施猥亵行为。(1) 本案不存在诬告情形。被害人陈某1与被告人陈某同住一栋楼，原已相识，被害人在最后一次被侵犯后及时将被告人陈某当晚及之前所说所做告知其亲属陈某5，随即由陈某6报警，反应及时，无其他介入因素，可以排除诬告的可能。(2) 此类案件有其特殊性，一般仅有被害人陈述和被告人供述两类直接证据，被告人也通常选择在没有监控视频的区域内实施犯罪，客观上导致没有其他直接证据。

在被告人供述和被害人陈述不一致时，应综合被害人的年龄、所陈述的内容，被告人供述的稳定性，结合生活经验，选择更可信的言词证据。被害人陈某1所陈述的陈某猥亵行为的细节，远超其年龄所能理解的范围，这样的内容无法通过观看视频模仿表达，若非亲身经历，是陈某1这个十岁女孩无法编造出来的。因此，对于被害人陈某1陈述的多次被猥亵，应予以采信。

编写人：福建省厦门市海沧区人民法院　芦絮　张鑫

6

暴力索要“分手费”，行为人因当场使用暴力并达到抑制反抗的程度构成抢劫罪而非敲诈勒索罪

——樊某抢劫案

【案件基本信息】

1. 裁判书字号

福建省厦门市中级人民法院（2021）闽02刑终514号刑事裁定书

2. 案由：抢劫罪

【基本案情】

被告人樊某与被害人汤某系恋人关系。2021年2月6日0时许，汤某驾驶轿车送樊某从漳州市某镇回樊某位于厦门市海沧区的暂住处。途经烟厂附近时，樊某因感情问题对汤某心存不满，遂让汤某停车，从后座用手臂勒住汤某脖子，又越到前排压在汤某身上，让汤某给其微信转账2000元。其间因害怕被人发现，樊某要求汤某将车辆熄火并关闭车灯，慌乱中将车辆转向灯柱折断。汤某谎称自己未带手机，未给樊某转账。樊某又让汤某向朋友借钱、到自动取款机取款均未果。樊某遂带汤某到其位于厦门市海沧区的暂住处，将房门锁上不让汤某离开，并继续要求汤某给其转账。汤某为离开该暂住处便拿出身上的手机准备转账，樊某觉得自己被汤某所骗，情绪激动拿出一把菜刀砍向床边的小桌子，威胁汤某转钱。汤某无奈通过微信向樊某转账2000元。因害怕汤某报警，樊某在现场要求汤某按其口述书写了一张内容为汤某借钱给樊某的借条并拿走借条，方才让汤某离开。2021年2月6日中午，汤某报警。同年2月8日，樊某被公安机关抓获。作案工具菜刀一把随案移送。

【案件焦点】

被告人的行为是构成抢劫罪还是敲诈勒索罪。

【法院裁判要旨】

福建省厦门市海沧区人民法院经审理认为：从主观目的、取财特点、暴力行为程度等方面，应认定被告人樊某的行为构成抢劫罪。（1）樊某具有非法占有的目的。樊某因感情问题对汤某心存不满，在汤某开车送其回厦门的途中产生向汤某取财的想法，并通过勒脖子、推倒、压坐身上、拿菜刀砍桌子的方式让汤某转账，非法占有汤某财产的意图明显。（2）樊某行为符合当场使用暴力、当场取财的特征。樊某在车上对汤某实施勒脖子、推倒、压坐身上的暴力行为，目的在于让汤某拿出钱款。在取财未果的情况下，樊某同汤某到自动取款机取款、到其暂住处想办法，后拿出菜刀迫使汤某支付款项。整个行为过程虽然存在从车辆到暂住处的时空距离，但此期间樊某始终与被害人在一起，并将车辆钥匙拿在手中、将房门反锁防止被害人离开，案件的发展并无中止或者中断的情形，应当认定是现场的延续，被告人的行为符合当场使用暴力特征。从汤某支付 2000 元款项的时间上看，樊某实施暴力行为后随即当场取得财物，而非事后取财，符合当场取财特征。（3）樊某的暴力行为达到抑制被害人反抗的程度。从本案的案发场所看，被告人选择在车辆内、自己的暂住处对被害人实施暴力行为，并且采用反锁门的方式切断案发现场与外部空间的联系，致使被害人处于丧失空间选择权的密闭环境内。从暴力手段和作案工具看，樊某所实施的勒脖子、拿菜刀并砍桌子胁迫等行为，已经直接威胁汤某的人身安全，汤某在面对菜刀这一利器时因害怕受伤害而不敢呼救，并按照要求写下借条，说明被告人的暴力行为已经对被害人形成心理强制，被害人只能当场转钱。因此，应认定樊某的暴力行为达到了致使汤某不能反抗、不敢反抗的强度，其行为构成抢劫罪而非敲诈勒索罪。

福建省厦门市海沧区人民法院依照《中华人民共和国刑法》第二百六十三条和第六十四条之规定，判决如下：

一、被告人樊某犯抢劫罪，判处有期徒刑三年二个月，并处罚金人民币

1000元；

二、被告人樊某退赔被害人汤某经济损失人民币2000元；

三、扣押在案的作案工具菜刀一把依法予以没收。

被告人樊某持原审辩解提出上诉。福建省厦门市中级人民法院同意一审法院的裁判意见，依照《中华人民共和国刑事诉讼法》第二百三十六条第一款第一项之规定，裁定如下：

驳回上诉，维持原判。

【法官后语】

抢劫罪和敲诈勒索罪虽在构成要件上有一定的相似之处，但二者也有明显的区别：一是实施行为的当场性，抢劫罪具有“当场”特质，需从空间和取财的时间上加以判断，敲诈勒索罪一般并不具有当场即时发生暴力的现实可能性；二是取财的当场性，抢劫罪必须是当时当场取得财物，敲诈勒索罪取得财物可以是当时当场，但更多的是在实施威胁、要挟之后一定的期限内取得；三是暴力行为的程度，抢劫罪中的暴力表现为对被害人人身和财产安全的双重威胁，强度达到足以抑制被害人不能反抗、不敢反抗的程度，敲诈勒索罪中的暴力主要表现为一种精神上的强制，而且是不足以抑制他人反抗的轻微暴力。

本案虽在案件起因、案发环境、人物关系上具有特殊性，财物性质类似于“分手费”，甚至被告人为掩盖犯罪企图将其变为“借款”，取财过程也伴有一定的时空距离，有别于一般的抢劫罪，但并不影响对被告人抢劫行为的认定。

一、“当场性”特征

对“当场性”的判断，需结合暴力胁迫的样态、手段、时间、场所、对象、作案工具、取得财物的地点和时间加以分析。作出暴力行为并形成强制的，纵使行为过程伴随一定的时空转移，但只要该强制力一直延续，同样可以认定符合“当场”特征。

本案中，樊某在车上对汤某实施勒脖子、推倒、压坐身上的暴力行为，可认定行为人实施暴力行为并形成强制。在取财未果的情况下，樊某同汤某到自动取款机取款、到其暂住房，要求汤某在樊某的暂住处想办法，后拿出菜刀迫使汤某支付款项。整个行为过程从车辆转移到暂住处，存在一定的空间和时间跨度，但此期间樊某始终与被害人在一起，并将车辆钥匙拿在手中、将房门反锁防止被害人离开，发展过程中并未出现中止或者中断的情形，应当认定是现场的延续，且暴力所形成的强制性一直存在，符合当场使用暴力特征。从款项支付时间上看，樊某实施暴力行为后随即当场取得财物，而非事后取财，过程连贯、自然，符合当场取财特征。

二、暴力程度判断

暴力程度是否达到了抑制被害人反抗的程度，是区分抢劫罪与敲诈勒索罪的关键。抢劫案中的被害人不能充分表达自己的意志，人身、财产处于紧迫的危险状态，除了当场交付财物之外，没有其他选择余地；而敲诈勒索案中的被害人在遭受暴力威胁的时候仍有选择的余地，但由于精神上感到恐惧，有能力反抗而没有反抗。可从手段、作案工具、时间、场所等各种因素综合认定程度轻重。本案中，从场所看，行为人选择在车辆内、自己的暂住处对被害人实施暴力行为，场所均较为隐蔽，被害人反抗求救的意志表达空间和可能性较小，并且采用反锁门的方式切断案发现场与外部空间的联系，致使被害人处于丧失空间选择权的密闭环境内。从暴力手段和作案工具看，行为人所实施的勒脖子、拿菜刀并砍桌子胁迫等行为，暴力胁迫的特征性明显，已经直接威胁被害人的人身安全，被害人在面对菜刀这一利器时因害怕受伤害而不敢呼救，并按照要求写下借条，说明现实和直接的暴力行为已经对被害人形成心理强制并抑制反抗，被害人只能当场转钱。因此，行为人的行为构成抢劫罪而非敲诈勒索罪。

编写人：福建省厦门市海沧区人民法院　芦絮　邱碧蓉

7

出质人窃回质押物的司法认定

——马某盗窃案

【案件基本信息】

1. 裁判书字号

新疆维吾尔自治区木垒哈萨克自治县人民法院（2022）新2328刑初29号刑事判决书

2. 案由：盗窃罪

【基本案情】

2021年7月22日1时许，被告人马某使用备用钥匙在未经沙某允许的情况下到某小区×号楼前停车场将质押给沙某的新A8××××小轿车开走，于2021年7月26日将该车以95000元的价格出售给马某某，后将卖车款挪作他用。被告人马某经电话通知后主动到木垒县公安局归案。经价格认定：涉案小轿车价格为80000元。案发后被告人马某归还被害人105000元借款并赔偿被害人2000元，获得被害人谅解。

【案件焦点】

1. 质押人窃取质押财产的行为是否构成盗窃；2. 盗窃数额的认定，应将质押款认定为盗窃数额还是应以车辆实际价值作为盗窃数额。

【法院裁判要旨】

新疆维吾尔自治区木垒哈萨克自治县人民法院经审理认为：被告人马某以非法占有为目的，盗窃他人财物价值人民币80000元，数额巨大，其行为已构成盗窃罪，应予处罚。公诉机关指控的犯罪事实清楚，证据确实、充分，罪名成立，本院予以支持。案发后被告人马某自动到案，如实供述自己的罪行，系自首，可以减轻处罚；被告人马某退赔被害人沙某经济损失，取得了被害人沙某的谅解，可酌情从轻处罚；被告人马某归案后认罪认罚，具结悔过，犯罪情节较轻，悔罪表现较好，没有再犯罪危险，可对其宣告缓刑。

综上所述，新疆维吾尔自治区木垒哈萨克自治县人民法院依照《中华人民共和国刑法》第二百六十四条、第五十二条、第五十三条第一款、第六十一条、第六十七条、第七十二条第一款和第三款、第七十三条第二款和第三款，《最高人民法院、最高人民检察院关于办理盗窃刑事案件适用法律若干问题的解释》第一条第一款和第二款、第十四条，《中华人民共和国刑事诉讼法》第十五条之规定，判决如下：

被告人马某犯盗窃罪，判处有期徒刑一年九个月，缓刑二年，并处罚金人民币10000元。

（缓刑考验期从本判决确定之日起计算。罚金自本判决生效之日起十日内缴纳）。

一审判决后，被告人未提起上诉，检察机关未提起抗诉，该判决已发生法律效力。

【法官后语】

对于非法占有目的中的“非法”，应根据财产罪的保护法益进行理解，只要是侵犯财产罪所保护的法益的，就可以认定为非法，进而认定行为人的占有目的具有非法性。因此，行为人没有占有他人财产的合法根据，或者说没有使他人转移财产给行为人或第三者的合法根据，却具有占有他人财产的目的的，就属于非法占有目的。这里的合法根据，通常是指符合财产法的根据。盗窃罪侵犯的客体除公私财物所有权及其他本权外，还包括他人合法占有、使用、收益、处分等权能。盗窃的对象必须是他人占有的财物，虽然是自己的财物，但是由他人合法占有或使用，亦视为“他人的财物”。这种占有是指事实上的支配，不仅包括物理支配范围内的支配，还包括社会观念上可以推知财物的支配人的状态。行为人虽然对某种财物享有所有权，但如果对方具有合法占有的权利时，行为人窃取该财物的，则侵犯了盗窃罪的保护法益，行为人的占有目的也具有非法性。

本案中，质权人基于质权的设立对质押车辆在刑法意义上实现合法“占有”，并负有妥善保管的义务，该项权能被包括在盗窃罪侵犯的客体“公私财物所有权”之中，因此其就车辆的合法占有属于《中华人民共和国刑法》第二百六十四条规定所要保护的法益。

盗窃数额认定：从法的目的解释看。目的解释具有决定性，因为目的是全部法律的创造者，每条法律规则的产生都源于一种目的，《中华人民共和国刑法》的目的是保护法益，所以法益成为刑法解释的重要工具。一般来说，犯罪行为要通过作用于行为对象来侵犯法益，而行为对象本身又是体现法益的，故可以通过刑法对行为对象特征的规定确定法益内容。本案中，借款系沙某基于债权债务关系的设立自愿交付给马某，并不是马某秘密窃取的对象，不符合盗窃罪中行为对象的特征。马某盗窃的对象是质押车辆，其盗窃行为直接导致质权人丧失了对车辆的合法占有，行为对象及法益内容均指向质押车辆。出质人窃回质押车辆的行为不仅使质权人丧失对该质押车辆的质权，而且会使质权人承担因保管不善导致质押财产被损毁、灭失的民事赔偿责任。可见，出质人窃回质押财产与其窃取质权人所有的等值财物在行为性质上没有差别，质权人合法占有的质押财产失窃与其所有的等值财物失窃在法益损害上也没有区别。所以盗窃数额应当以车辆实际价值计算。

从债权的存续来看。质权会因质物灭失而消灭，但质权消灭并不会导致债权消灭。根据担保物权的物上代位性，债权人设立担保物权并不以使用担保财产为目的，而是以取得该财产的交换价值为目的，即使担保财产损毁、灭失，代替该财产的交换价值还是存在的，担保物权的效力仍然存在，据此，因债务人过错致使质押财产灭失的，债权人可以要求债务人另行提供债权担保财产。债权人沙某的债权并未因马某盗窃质押车辆的行为而消灭，只是丧失了在债务人马某不能清偿债务的情况下以质押车辆折价或拍卖、变卖该车的价款优先受偿的权利，在债权未消灭的情况下，他依然可以向债务人主张其应还欠款、要求债务人提供质押财产的替代物，且该项权利完整地受到民事法律保护。

编写人：新疆维吾尔自治区木垒哈萨克自治县人民法院　拜木尔扎·努尔兰

8

虚构提供精准人脉、隐瞒产品销路有限事实，使代理陷入错误认识而交付财产，以诈骗论处

——江某等诈骗案

【案件基本信息】

1. 裁判书字号

浙江省宁波市中级人民法院（2022）浙 02 刑终 27 号刑事裁定书

2. 案由：诈骗罪

【基本案情】

2019 年年初至 2020 年 8 月 4 日，被告人江某在经营公司期间，组织公司员工被告人黄某等人，共同以招代理的名义对全国各地被害人实施诈骗。具体作案模式为：第一步，被告人江某、黄某找代工厂生产某品牌气垫、面膜、水凝霜等各类产品，同时在网络平台投放招兼职、代理的广告引流客户。第二步，招商部、客服部的客服自诩为招商导师或执行总监，按照公司提供的话术，采用虚构区域代理名额有限，承诺分发区域内有购买意向的精准人脉，且代理级别越高、批发价格越低、分发人脉越多，有专业导师一对一指导以及发送虚假盈利截图等方式骗取客户信任。客户对精准人脉信以为真，误以为有稳定客源可直接售出产品，故按照公司预设的代理级别批发产品。第三步，代理在收货后要求分发人脉时，客服或被告人李某等人按照公司话术推诿、搪塞或者由被

告人李某等人分发“僵尸人脉”进行安抚。

被告人江某通过公司对外委托加工涉案产品的单价大致在3.7元至10元。在案被害人买入涉案产品的单价大致在40元至90元，数量少的几盒，多的近千盒。目前已查实，被告人江某组织员工利用前述手段骗取被害人吴某、查某丽、李某等人的钱款合计人民币70余万元。

【案件焦点】

1. 关于被告人通过虚构区域代理名额限制、提供精准人脉和专业导师、做代理可快速盈利等方式，对代理进行了欺骗的行为应认定为民事欺诈还是构成诈骗罪；2. 本案诈骗罪非法占有目的如何认定。

【法院裁判要旨】

浙江省慈溪市人民法院经审理认为：被告人江某、黄某、岳某、李某、黄某甲、蔡某某、周某、黄某乙以非法占有为目的，虚构事实、隐瞒真相，使代理陷入错误认识从而交付财产，不具有履行退货承诺的客观行为和实际能力，被告人方取得财产的非法占有目的明显。被告人江某、黄某、李某诈骗数额特别巨大，被告人岳某、黄某甲、蔡某某、周某、黄某乙诈骗数额巨大，其行为均已构成诈骗罪。公诉机关指控的罪名成立。在共同犯罪中，被告人江某起主要作用，系主犯，依法应当按照其所参与并组织、指挥的全部犯罪处罚，被告人黄某、岳某、李某、黄某甲、蔡某某、周某、黄某乙均起次要作用，系从犯。据此，判决如下：

一、被告人江某犯诈骗罪，判处有期徒刑十年六个月，并处罚金人民币40万元；

二、被告人黄某犯诈骗罪，判处有期徒刑三年十个月，并处罚金人民币4万元；

三、被告人岳某犯诈骗罪，判处有期徒刑三年，并处罚金人民币4万元；

四、被告人李某犯诈骗罪，判处有期徒刑三年，并处罚金人民币2万元；

五、被告人黄某甲犯诈骗罪，判处有期徒刑二年，并处罚金人民币2万元；

六、被告人蔡某某犯诈骗罪，判处有期徒刑一年十个月，并处罚金人民币2万元；

七、被告人周某犯诈骗罪，判处有期徒刑一年十个月，并处罚金人民币2万元；

八、被告人黄某乙犯诈骗罪，判处有期徒刑一年八个月，并处罚金人民币2万元。

下文对此不再提示。

浙江省宁波市中级人民法院同意一审法院的裁判意见，依照《中华人民共和国刑法》第二百六十六条、第二十五条第一款、第二十六条第一款和第四款、第二十七条、第六十七条第三款、第六十四条及《中华人民共和国刑事诉讼法》第二百三十六条第一款第一项之规定，裁定如下：

驳回上诉，维持原判。

【法官后语】

本案的诈骗方式与一般诈骗不同，涉案公司起初正常经营，涉案化妆品正规生产、备案，也曾通过媒体对品牌进行宣传，且有电商平台与城市线下的正常销售，其犯罪手法具有公司化、隐蔽性特点。

一、虚假宣传、过度承诺构成诈骗罪或民事欺诈的区分

本案最大的观点分歧在于有观点认为虚假宣传、过度承诺行为应当属于民事欺诈，并不必然构成犯罪，现将这一观点存在的误区分析如下：

第一，刑事诈骗和民事欺诈在欺骗内容上并非对立或互斥，二者存在包含关系。即部分案件会存在局部、个别的欺骗包含在诈骗罪所规制的整体、全局的欺骗之中。故通过证明在层层套路之中是否有个别形式上亦满足民事欺诈构成要件的行为来反推不构成诈骗罪，逻辑上难以自洽。因此，民事欺诈并非没有适用空间，而要看全案涉及的虚假宣传、过度承诺行为内容是否仅为次要且局部事实的欺骗。本案中被告人方虚构了区域代理名额有限、按代理级别分发精准人脉、每日只需接待公司分发的人脉即可获利，并制作虚假的盈利聊天截图以诱骗各被害人可以快速回本，隐瞒了涉案产品销售不佳的事实，难以称之

为局部的欺骗。

第二，欺骗行为及内容是否足以使被害人产生错误认识，并因此交付财物。行为人仅对产品市场价值局部欺骗夸大，相较于获利、变现方式的全环节的过度承诺、欺骗，是具有本质区别的。本案中被告方在招代理的过程中，向被害人明确承诺的人脉有两类，一类是每天提供有明确购买意向经专业导师指导后代理可快速售罄囤货并获利的人脉，另一类是每天提供能直接进行交易，接待公司提供的人脉即可快速售罄囤货并获利的人脉，实际不提供或提供少量经招商部联系无购买意向的人作为人脉，实际提供的导师是以卖货为目的，甚至是使用欺诈手段进行销售的人员，此种欺骗确使被害人产生成为代理人可稳定快速赚取差价的错误认识，并因此交付财物，欺骗行为和错误认识之间存在因果关系。此外，虽然夸大、过度承诺等欺骗的营销方式在微商销售过程中多有使用，但不代表公众应当接受、适应并就此产生辨别能力，也不代表有该行为的人不具有刑事可罚性。

第三，履约行为是否仅为掩饰犯罪所付出的犯罪成本。本案诈骗设置掩人耳目的层层套路，具有相当的迷惑性，即使表面上有履约发货行为，实际只是为了顺利骗取被害人的财产、逃避工商等部门的查处而付出的犯罪成本。被害人在案发前未辨别自己被骗，或者考虑即使报案也难以挽回损失，甚至考虑自用或者自己低价销售减少损失而未报警，此亦不能推导出被告人不构成诈骗。本案在符合犯罪构成要件的情况下，行为人应当依法承担刑事责任。

二、非法占有目的的推定

诈骗罪非法占有目的的推定应坚持主客观相结合的审查模式。首先，对客观方面进行审查，具体而言要审查行为人是否具有履行、兑现承诺的条件；是否有创造虚假的条件；行为人在事前是否具有履约能力；行为人在签约、履行过程中有无诈骗行为；行为人有无履约的实际行动；有无积极准备做相应工作。其次，亦不能忽视对主观方面审查，应关注行为人未履约的原因，是过失、意外事件还是主观上并无履行意愿。最后，还应审查行为人对于获取财物的处置情况，是否有逃避返还资金的行为。关于本案非法占有目的的认定，根据查明的事实和证据分析如下。

第一，被告人方在签约时无履行能力，且签约话术及协议中被告人方区域代理名额限制、专业导师、精准人脉均为虚假条件和难以兑现的承诺，实际并未为代理的变现及盈利提供任何实质性的服务，被告方在作出这些陈述时内心明确不会兑现承诺，也不打算履行承诺，事实上也未创造条件履行承诺，被告人对代理具有诈骗行为。

第二，被告人方履约态度消极，在各被害人成为代理后，江某等并未提供相关人脉，而是继续诱使各被害人升级为更高级别的代理，并收取人脉费，层层加码，在各被害人要求分发人脉时，江某等人采取搪塞、拖延的方式或向各被害人发送销售部已联系过的不具有购买可能性的人员微信进行敷衍。

第三，被告人方具有逃避返还资金的行为。涉案团伙设置售后退货，从一开始就不是为了履行售货时的退货承诺，而是为了应付投诉、难缠的客户，逃避工商等部门的查处，且从退款金额看也不是全额退款，而是扣除一定费用，被害人仍有财产损失，不能因存在部分退货退款事实，就证明被告人方没有非法占有故意。

综上，江某等人在明知涉案化妆品销售不佳、人脉有限的情况下仍作虚假承诺、夸大销售业绩，其自始不具有履行承诺的主观意愿，亦不具有履行承诺的客观行为和实际能力，退货承诺亦是为了掩饰犯罪、逃避监管的作案手段，故应认定本案被告人方具有非法占有目的。

编写人：浙江省慈溪市人民法院　史梦诗

9

合同诈骗犯罪数额的认定

——陈某合同诈骗案

【案件基本信息】

1. 裁判书字号

福建省厦门市海沧区人民法院（2022）闽 0205 刑初 97 号刑事判决书

2. 案由：合同诈骗罪

【基本案情】

被告人陈某因参与网络赌博赌输巨款，急需用钱，预谋通过骗租车辆质押他人借款获利。2021 年 10 月 10 日 22 时 09 分许，被告人陈某对放贷人员谢某谎称车主王某在我国澳门特别行政区赌博，急需用钱，让其帮忙质押车辆借款。当天 22 时 22 分许，被告人陈某隐瞒要将车子质押借款的真相，联系被害人王某（汽车服务公司法定代表人）将一部车牌号为闽 DB××××的小轿车开到某交车站附近，二人签订车辆租赁协议，被告人陈某以每日人民币 600 元的价格租赁车辆，向王某支付人民币 2200 元（含 1000 元押金）。被告人陈某骗取车辆后于当天 22 时 57 分许将该车驾驶至某银行东孚支行门口，以人民币 10 万元（实际获取 9 万元）质押给谢某，并将质押款项用于网络赌博和归还欠款等。2021 年 10 月 14 日租车协议到期，被害人王某无法联系上被告人陈某，当月 18 日通过车辆全球定位系统（GPS）在厦门市海沧区寨后社谢某承租的车库中找到闽 DB××××小轿车。经鉴定，闽 DB××××小轿车价值人民币 227917 元。

【案件焦点】

合同诈骗犯罪数额的认定。

【法院裁判要旨】

福建省厦门市海沧区人民法院经审理认为：被告人陈某以非法占有为目的，在签订、履行合同过程中，骗取对方当事人财物，价值人民币227917元，其行为已构成合同诈骗罪，数额巨大。公诉机关指控的罪名成立。被告人陈某到案后如实供述自己的罪行，系坦白，依法可以从轻处罚。被告人陈某具有犯罪前科，可酌情从重处罚。被告人陈某赔偿被害人经济损失并取得谅解，可酌情从轻处罚。被告人陈某认罪认罚，依法可从宽处罚。辩护人据以上情节提出的对被告人从轻处罚的相关合理辩护意见，本院予以采纳。

福建省厦门市海沧区人民法院依照《中华人民共和国刑法》第二百二十四条、第六十七条第三款、第六十四条及《中华人民共和国刑事诉讼法》第十五条之规定，判决如下：

一、被告人陈某犯合同诈骗罪，判处有期徒刑三年，并处罚金人民币2万元；

（刑期从判决执行之日起计算。判决执行以前先行羁押的，羁押一日折抵刑期一日。即自2021年11月8日起至2024年11月7日止。罚金应于本判决生效后第二日起十日内缴纳。）

二、扣押在案的作案工具苹果手机一部，依法予以没收。

一审判决后，被告未提起上诉，检察机关未提起抗诉，该判决已发生法律效力。

【法官后语】

合同诈骗案件除定性问题外，还要关注量刑问题，犯罪数额是影响量刑的决定性因素。

关于诈骗数额的认定，《最高人民法院关于审理非法集资刑事案件具体应用法律若干问题的解释》（以下简称《解释》）明确规定，对集资诈骗的数额认定“以行为人实际骗取的数额计算”。以上文件关于诈骗犯罪数额的认定均采用实际诈骗所得的标准，合同诈骗作为诈骗罪的表现形态之一，也应坚持统一标准，以实际诈骗所得作为犯罪数额认定依据。

本案是典型的汽车租赁诈骗案件。此类犯罪案件存在两个诈骗环节，第一个环节是行为人以非法占有为目的，利用自己真实身份证明或伪造虚假证明以租赁合同的方式实现对车辆的控制，这一环节行为人实际取得的是汽车；第二个环节是行为人虚构车主身份或事实，将车辆抵押或质押以套取现金，这一环节行为人实际取得的是汽车的典当款或借款。

行为人实施了两个欺诈行为，单独看两个环节行为人的行为均成立合同诈骗罪，因此实践中对行为人实施诈骗数额的认定问题产生了极大的争议，主要存在以下五种不同意见：

第一种意见认为，被告人诈骗数额为327917元。被告人实施了前后两次诈骗行为，对于租赁公司和谢某来说，因被告人的欺骗行为，均作出了错误的意思表示，处分了自己的财产，应当累计计算诈骗数额，即骗得的车辆价值与骗得的借款数额之和共计327917元。

第二种意见认为，被告人诈骗数额为227917元。被告人从租赁公司骗租车辆的行为是手段，而将骗租的车辆质押给谢某获取现金的行为是目的，两个行为均构成合同诈骗罪，属于牵连犯，应当从一重罪论处。故诈骗数额应认定为较高的车辆价值227917元。

第三种意见认为，被告人诈骗数额为10万元。被告人的主观目的是骗取他人财物，在租赁过程中，租赁公司也并未丧失对汽车的所有权，不构成犯罪。被告人利用骗租的车辆进行质押借款的行为构成合同诈骗罪，诈骗数额应认定为其最终实际骗得的10万元。

第四种意见认为，被告人诈骗数额为225717元。被告人基于非法占有目的，利用租赁合同骗租车辆，构成合同诈骗罪。此后将骗来的车辆质押借款的行为，只是其对赃物的处置，刑法不应重复评价，且事先支付的租金应当在诈骗数额中予以扣除，诈骗数额应认定为225717元。

第五种意见认为，被告人诈骗数额为227917元。被告人基于非法占有目的，利用租赁合同骗租车辆，构成合同诈骗罪。此后将骗来的车辆质押借款的行为，只是其对赃物的处置，刑法不应重复评价。但其为实施诈骗行为支付的租车费用和押金应认定为违法成本，不应从诈骗数额中扣除。

笔者同意第五种意见，理由如下：

汽车租赁诈骗对象是车辆，而不是车辆变现的钱款。首先，本案中被告人在不想还车的情况下，仍以租车为名骗取车辆，并实际占有了车辆，完全符合合同诈骗罪的特征，且犯罪行为已经既遂，该合同诈骗行为指向的财物即所骗的车辆。其次，被告人将所骗车辆质押借款的行为，只是其对赃物的处置，是将赃物变现的一种方式，属于事后不可罚行为。被告人在非法占有车辆后，对车辆如何处置，并不影响非法占有的成立，所以，被告人实际取得的是骗租车辆的价值227917元，而不是将骗租车辆变现所得的10万元。最后，本案被害人应当是汽车租赁公司，虽然被告人是从谢某处获得了钱款，谢某损失了10万元，但客观上谢某并未受损，且被告人主观上也只是将骗租车辆进行质押借款变现，不存在非法占有的目的，相反，汽车租赁公司失去了对车辆的控制权，因此，被告人的诈骗数额为车辆价值227917元。

质押借款行为属于民事欺诈，不另外构成犯罪。本案中被告人以骗租车辆向谢某质押借款，谢某虽然受到一定的欺诈，但借贷关系还是真实存在的。谢某借钱给被告人的原因也并非基于欺诈而产生的错误认识，而是基于实际取得了对车辆的质押权。事实上，谢某借款取得车辆的担保，且车辆价值227917元大于借款金额10万元，双方的民事法律关系是客观存在的，在被告人不能归还借款的情况下，谢某可以通过质押物受偿的方式实现自己的债权。因此，被告人将骗租车辆质押借款的行为并非刑法意义上的诈骗行为，仅属一般的民事欺诈。此行为与骗租车辆的合同诈骗行为既不是牵连犯，也不是连续犯。

被告人支付的租车费用和押金不宜从诈骗数额中扣除。本案中，被告人具有非法占有车辆的目的，其想从汽车租赁公司相对合法地取得车辆的控制权，必须按照租赁协议支付一定的租金和押金，是其为确保诈骗行为顺利实施而支付的违法成本。租金和押金的性质不是归还被害人的损失，而是基于租赁协议需要支付的对价，是租赁公司将车辆的使用权转移给被告人的收益和被告人逾期归还车辆的补偿。根据诈骗数额认定的“实际取得说”，被告人最终实际取得的利益是车辆价值227917元。

编写人：福建省厦门市海沧区人民法院　卢建斌　杨惠美

10

明知是赌博资金而予以转移的构成掩饰、隐瞒犯罪所得罪

——鲁某掩饰、隐瞒犯罪所得案

【案件基本信息】

1. 裁判书字号

四川省凉山彝族自治州中级人民法院（2022）川34刑终200号刑事裁定书

2. 案由：掩饰、隐瞒犯罪所得罪

【基本案情】

2021年10月底，被告人鲁某通过其朋友的外甥介绍，在“飞机”应用程序（APP）加了一个名为“十七”的人，为获得转账报酬，鲁某在明知他人从事非法转账活动的情况下，向电信网络诈骗犯罪嫌疑人提供其朋友茅某的某1银行和某2银行银行卡各1张、刘某（另案处理）的某1银行和某3银行银行卡各1张、徐某（另案处理）的某3银行银行卡1张和被告人鲁某的某2银行银行卡1张，并帮助他人进行诈骗犯罪时在上述银行卡将资金转入、转出以达到逃避侦查的目的。2021年10月29日四川省越西县被害人陈某被骗资金经何某（另案处理）银行卡后转入100000元至由鲁某提供的徐某某3银行卡中，后由鲁某操作再转出。被告人鲁某使用茅某、徐某等银行卡并协助将资金转移，

后获 40000 元报酬。

【案件焦点】

被告人鲁某的行为构成帮助信息网络犯罪活动罪还是掩饰、隐瞒犯罪所得罪。

【法院裁判要旨】

四川省越西县人民法院经审理认为：被告人鲁某为获得不法利益，明知是犯罪所得而提供银行卡供他人转移诈骗犯罪资金，被告人鲁某提供的徐某某 3 银行银行卡转移被害人陈某资金 100000 元，其行为已触犯了《中华人民共和国刑法》第三百一十二条之规定，构成掩饰、隐瞒犯罪所得罪。本案认定为掩饰、隐瞒犯罪所得收益罪的理由如下：（1）本案被害人陈某被骗款项在汇至被告人鲁某提供的徐某某 3 银行银行卡之前，上游诈骗犯罪已经既遂，此时被告人鲁某提供资金结算帮助已经超出帮助信息网络犯罪活动的时间节点；（2）被告人鲁某不仅为上游提供资金结算渠道，而且在上游犯罪已经实际控制犯罪所得后，被告人鲁某通过银行卡接收钱，再把卡上的钱通过销售终端（POS 机）转移到储蓄卡，之后根据指示转移到指定账户的方式，帮助上游犯罪逃避公安机关刑事侦查及赃款追缴，其行为不仅扰乱公共管理秩序，而且妨害正常司法活动，仅认定帮助信息网络犯罪活动罪不能完全评价被告人鲁某的犯罪行为；（3）被告人鲁某系为个人私利而帮助上游犯罪转移资金，转账行为并无任何正当理由，且被告人鲁某供述称："十七"最开始给他说的是帮助境外赌博平台转的钱，在帮助转账过程中，其提供的茅某的卡被冻结后，另行找到刘某、徐某的卡，并且在被害人陈某被骗的钱款到达徐某的卡后按上游指示进行转账操作，综合被告人鲁某的行为及其从业经历，可以认定被告人鲁某知晓所帮助转账资金的行为涉嫌犯罪，故应认定为掩饰、隐瞒犯罪所得罪。

四川省越西县人民法院判决如下：

以犯掩饰、隐瞒犯罪所得罪判处被告人鲁某有期徒刑三年，并处罚金人民币 3 万元。

一审判决后，被告人鲁某不服，向四川省凉山彝族自治州中级人民法院提出上诉。四川省凉山彝族自治州中级人民法院同意一审判决意见。

四川省凉山彝族自治州中级人民法院裁定如下：

驳回上诉，维持原判。

【法官后语】

本案的争议焦点在于鲁某是构成帮助信息网络犯罪活动罪还是构成掩饰、隐瞒犯罪所得罪。

对于提供银行卡并直接实施或者转移犯罪所得及其产生的收益行为的定性问题实质是认定行为人的行为是构成帮助信息网络犯罪活动罪还是掩饰、隐瞒犯罪所得、犯罪所得收益罪的问题。一方面，依据司法解释规定能够推定行为人明知是犯罪所得，仍提供银行卡并使用银行卡采用转账、取现、套现的方式直接实施或者协助实施转移犯罪所得的，符合掩饰、隐瞒犯罪所得、犯罪所得收益罪定罪标准，以掩饰、隐瞒犯罪所得、犯罪所得收益罪定罪。另一方面，能够依据司法解释的规定推定行为人明知是利用信息网络实施犯罪，也能够依据司法解释的规定推定行为人明知是犯罪所得时，仍提供银行卡并使用银行卡采用转账、取现、套现的方式直接实施或者协助实施转移犯罪所得的，也应以掩饰、隐瞒犯罪所得、犯罪所得收益罪定性。其原因在于：(1) 从适用罪名的先后看，帮助信息网络犯罪活动罪属于信息网络犯罪多层级链条涉嫌罪名的兜底罪名，其仅有一个量刑幅度，即三年以下有期徒刑或者拘役，并处或者单处罚金，可见刑法处罚后果相对较轻，故《中华人民共和国刑法》第二百八十七条之一第三款规定，同时构成其他犯罪的，依照刑法处罚结果较重的规定定罪处罚。因而在能够评判行为人构成诸如掩饰、隐瞒犯罪所得、犯罪所得收益罪等其他罪名时，一般应优先考虑构成其他罪名，如不能构成其他罪名时，则考虑以帮助信息网络犯罪活动罪定罪。(2) 掩饰、隐瞒犯罪所得、犯罪所得收益罪与帮助信息网络犯罪活动罪在入罪标准方面相较而言，掩饰、隐瞒犯罪所得、犯罪所得收益罪入罪门槛更低、处罚更重，从择一重处的选择上也应优先考虑对行为人以掩饰、隐瞒犯罪所得、犯罪所得收益罪论处。(3) 从罪责刑相适应原则来看，行为人不仅为帮助他人实施信息网络犯罪活动提供银行卡，还实施转移犯罪所得的行为，其行为相较于帮助信息网络犯罪活动罪中的出租、出售银行卡的行为而言有明显区别，仅以帮助信息网络犯罪活动罪评价已不足以全面评价其行为的性质、情节以及危害后果，故以掩饰、隐瞒犯罪所得、犯罪所得收益罪定性更妥当。

具体到本案，对于鲁某明知将收集的银行卡提供给对方是用于网络赌博等违法犯罪的“走账”，其不仅自己提供银行卡为上游的信息网络犯罪提供支付结算等帮助，还收集他人银行卡用于帮助上游实施转账等行为，在被害人陈某的被骗资金 100000 元经何某（另案处理）银行卡转入鲁某提供的徐某某 3 银行银行卡后，由鲁某进行操作转移资金，其行为侵害的法益程度已经明显超过帮助信息网络犯罪活动罪，且其获得的利益远超正常收益，故应以掩饰、隐瞒犯罪所得罪论处。

编写人：四川省越西县人民法院　曾玉萍

11

黑社会性质组织的司法认定

——林某等组织、领导、参加黑社会性质组织案

【案件基本信息】

1. 裁判书字号

福建省厦门市中级人民法院（2022）闽 02 刑终 13 号刑事裁定书

2. 案由：组织、领导、参加黑社会性质组织罪

【基本案情】

20 世纪 90 年代，林某因故意伤害、耍流氓等前科劣迹在某村一带形成好

勇斗狠的恶名。2002年以后，林某纠集林某某等人，实施违法建设、争抢建设工程等违法活动，积累经济实力，在某村一带初步形成“地头”势力。2006年以后，林某等人利用“地头”势力拉拢、腐蚀国家工作人员、村居干部等，实施向施工方强索“抽点费”、索要土方工程等违法犯罪活动，不断提升经济实力和“黑白通吃”名气。2009年，林某等人采取聚众斗殴手段和林某1团伙争抢工程，确立一家独大的强势地位，初步形成以林某为组织、领导者，以林某某等为骨干成员，以孙某等为成员，组织稳定，人数众多，在某村一带社会、经济生活中具有重大影响的黑社会性质组织。该组织为巩固、扩大一家独大的强势地位，继续实施向建设工程施工方强索“地头费”，索要土方、地材工程等违法犯罪活动。林某是组织者、领导者，推行不能互相争抢土方地材工程等不成文组织规矩，使用奖惩手段管理组织成员。被告人林某某等三人，是该组织的骨干成员、积极参加者，在组织发展壮大过程中作用突出。被告人林某3、林某4等人是该组织的其他参加者，长期接受该组织领导者、骨干成员或上级组织成员的管理、指挥，参与组织实施的违法犯罪活动，积极维护该组织非法利益。

该组织采取暴力及言语威胁、“软暴力”等手段，以“抽点费”“地头费”名义直接向工程施工方敲诈勒索钱款，采取言语威胁、利用老人会人员阻挠施工等手段，获取土方地材工程，获取经济利益。该组织向多家施工方敲诈、勒索钱款，总金额高达1227万元，其中既遂797万元，未遂430万元；索要土方地材工程标的总金额高达21993199.4元。所获巨额经济利益由组织、领导者和积极参加者管理、支配、使用。该组织形成后，为确立、巩固和扩大在某村一带一家独大的“地头”强势地位，有组织地实施聚众斗殴、寻衅滋事、敲诈勒索、强迫交易、殴打他人等违法犯罪活动多达30起。该组织通过实施上述违法犯罪活动，树立了称霸一方的“地头”强势地位和名气，在某村一带施行施工方不向该组织支付高额“抽点费”“地头费”或不让该组织做土方地材，工程就难以顺利施工的“潜规则”，甚至附近村庄的黑社会性质组织来某村一带做工程也要向该组织支付“抽点费”，对工程建设及相关领域形成了重大影响。

该组织多次采用组织人员阻挠施工的方式作案，造成多名被害人身体受伤、巨额经济损失，被害人不敢报警或者被迫接受和解，致使群众心理恐慌、安全感下降，严重破坏了当地社会生活、经济秩序等。

【案件焦点】

1. 以被告人林某为首的犯罪组织是否构成黑社会性质组织；2. 被告人实施强迫交易行为持续发生在缓刑考验期内，是否应撤销缓刑；3. 被告人未使用暴力，工程施工方主动向其支付保护费，被告人行为是否构成敲诈勒索罪。

【法院裁判要旨】

福建省厦门市海沧区人民法院经审理认为：（1）被告人林某等十四名被告人结伙有组织地进行违法犯罪活动，逞强争霸，攫取巨额经济利益，形成严重破坏社会、经济秩序的黑社会性质组织。被告人林某系该组织的领导者；被告人林某某、曾某、林某2系该组织的积极参加者；被告人林某3、林某4、林某5、孙某、陈某、黄某、甘某、出某、韦某、张某系该组织的其他参加者。被告人林某已构成组织、领导黑社会性质组织罪，其余被告人均已构成参加黑社会性质组织罪。（2）被告人林某通过被告人林某某、曾某、林某2分别指使、纠集、组织其他成员，在公共场所持械积极参与聚众斗殴；被告人陈某、韦某、张某等组织成员各受被告人曾某、林某2的指使，持械参与聚众斗殴，上述被告人的行为均已构成聚众斗殴罪。（3）被告人林某、林某某、曾某、林某2、林某3以非法占有为目的，为彰显组织势力，分别单独或结伙采取威胁等手段，强行索取他人财物。上述被告人的行为均已构成敲诈勒索罪。（4）各组织成员为显示组织强势地位，利用组织名气，在被告人林某的指使或认可下，由被告人林某某、曾某、林某2、林某3、林某4、林某5、孙某、陈某、黄某分别单独或结伙以暴力、威胁手段，强迫他人购买商品或接受施工服务。上述被告人的行为均构成强迫交易罪，属情节特别严重。

福建省厦门市海沧区人民法院依照1997年修订的《中华人民共和国刑法》第二百二十六条、第二百七十四条，《中华人民共和国刑法》第二百九十四条、

第二百二十六条第二项、第十二条等规定，经审委会讨论，判决如下：

被告人林某犯组织、领导黑社会性质组织罪、聚众斗殴罪、敲诈勒索罪、强迫交易罪、寻衅滋事罪；数罪并罚决定执行有期徒刑二十年，并处没收个人全部财产。

被告人林某某犯参加黑社会性质组织罪、聚众斗殴、敲诈勒索罪、强迫交易罪、寻衅滋事罪，数罪并罚决定执行有期徒刑十三年，并处没收个人财产20万元、罚金18万元。

其余12名被告人分别被判处九年至一年六个月的有期徒刑，并处罚金。责令被告人林某等人退赔各被害人经济损失合计775.5万元，依法追缴违法所得62.5万元。扣押在案的被告人黄某名下宝马汽车、各被告人的通讯工具依法没收，其余扣押的与本案无关的物品、银行卡等依法发还相应被告人及案外人；查封、冻结的车辆、房产、银行账户及金融账户在执行前述相关判项后依法予以解除查封及冻结措施。

被告人林某、林某某不服一审判决，提起上诉。福建省厦门市中级人民法院经审理同意一审法院裁判意见，并依照《中华人民共和国刑事诉讼法》第二百三十六条第一款第一项之规定，裁定如下：

驳回上诉，维持原判。

【法官后语】

本案系打击建设工程领域黑社会性质组织犯罪典型案例，存在犯罪事实多、时间跨度长、涉及罪名多、定性争议大等难题。本案依法准确认定为黑社会性质组织罪，从而有效惩处被告人林某等人黑社会性质组织，依法严惩涉黑犯罪，维护群众合法利益。

本案解决了如何认定建设工程领域黑社会性质组织，犯罪行为持续发生在缓刑考验期内是否撤销缓刑，未使用暴力、胁迫手段是否构成敲诈勒索罪等法律适用问题，具有典型性，为涉黑案件审判实践提供裁判思路，具有重要参考价值。

一、如何认定建设工程领域黑社会性质组织

本案的审理重点在于以被告人林某为首的犯罪组织是否构成黑社会性质组织？根据《中华人民共和国刑法》第二百九十四条的规定，黑社会性质组织犯罪应同时具备四个特征，即组织特征、经济特征、行为特征、危害性特征。

以被告人林某为首的以抢占工程、收取不当费用为目的的犯罪组织应认定为黑社会性质组织。具体而言：

1. 具备组织特征。该组织成员人数较多，有明确的组织、领导者，骨干成员基本固定。组织内部结构清晰、层级分明、分工明确，林某是该组织的最高领导者，拥有绝对权威，对其所作出的决定、指示，组织成员均予以服从，成员对于组织及等级身份的认同感是明确的。内部形成成员间不能争抢工程、不能私揽工程等不成文组织规矩，且林某对所有成员可以直接调配，形成了较为稳定的犯罪组织。

2. 具备经济特征。该犯罪组织在形成与发展过程中，通过违法犯罪活动手段获取经济利益，采用言语威胁、堵门封路等手段，索要土方工程等，进行强迫交易，或强行对施工单位进行“抽点”，实施敲诈勒索，具备一定的经济实力。并为成员提供经济支持，笼络组织成员，维系组织存在，支持组织的违法犯罪活动。

3. 具备行为特征。该组织以暴力、威胁或其他手段，实施了聚众斗殴、寻衅滋事等一系列暴力性违法犯罪活动，既有由组织、领导者林某直接组织、策划、参与实施的违法犯罪活动，也有由组织成员以组织名义实施，还有组织成员为确认强势地位、谋取经济利益、维护非法权威或者按照组织惯例而实施的违法犯罪活动，行为特征明显。

4. 具备危害性特征。该组织通过实施一系列违法犯罪活动，称霸一方，垄断大型项目拆除工程，其“地头”名声使工程施工方为防止施工受阻，违背内心意愿，遵循所谓的“潜规则”向林某交纳“地头费”或者将部分工程割让以求得施工顺利。林某利用“潜规则”并以其组织势力作为后盾将“潜规则”变成现实，对工程施工方造成“心理强制”，给被害人及其他群众造成极大的心理恐惧，严重破坏了建设工程领域的市场秩序，亦严重破坏了当地经济、社会生活秩序，危害性特征明显。

二、犯罪行为持续发生在缓刑考验期内是否撤销缓刑

被告人林某2、陈某于2011年10月9日因犯故意伤害罪被法院判处有期徒刑一年，缓刑一年。2011年8月左右，二被告人参与一起强迫交易，通过强迫交易所得工程款的收款行为持续至2014年4月，持续行为发生在缓刑考验期内。公诉机关在提起诉讼时未建议撤销缓刑，法院依据《中华人民共和国刑法》第七十七条的规定，认为对二被告人在缓刑考验期内犯新罪的行为应撤销缓刑，与本案犯罪实行数罪并罚。

三、未使用暴力、胁迫手段是否构成敲诈勒索罪

林某辩称施工方主动来找其配合，并向其支付费用，其行为不构成敲诈勒索。裁判认定，施工方主动支付保护费的状态是林某通过前期的行为、言语及人多势众的形象而获得的强势地位造成的。被害人之所以支付费用，与当时的社会背景有关，林某正是利用了其作为某村“地头”的身份，将建设工程领域的“潜规则”变为现实，让各被害人担心并害怕无法顺利施工、降低在建设施工领域的信用评价而更加难以立足而不得不支付高额违约金。林某出于非法占有的目的向各方收取费用的行为，符合敲诈勒索罪的构成要件。

编写人：福建省厦门市海沧区人民法院　芦絮　尹志泉

12

合法网络游戏平台中游戏商人行为的司法认定

——许某某等开设赌场、赌博案

【案件基本信息】

1. 裁判书字号

北京市第三中级人民法院（2022）京03刑终344刑事裁定书

2. 案由：开设赌场罪、赌博罪

【基本案情】

自2015年起，被告人许某某、姬某某、向某、吴某某、冯某某等以游戏公司的名义开发、运营捕鱼游戏。游戏玩家通过充值获取金币，通过消耗金币打鱼等方式有概率获得金币、弹头等游戏道具。

2018年9月，游戏公司与游戏商人被告人姚某某合作，由姚某某组织游戏商人被告人徐某某、李某、陈某某、寇某某以回购游戏道具弹头的方式为游戏玩家提供道具变现，游戏公司再对姚某某等回收的弹头进行兜底回收。许某某、姬某某、向某、吴某某、冯某某等以推广费等名义向姚某某、徐某某、李某、陈某某、寇某某等支付充值分成和弹头回购款。其中，许某某负责公司全面工作，姬某某负责审批款项的支出，向某负责核对充值数据、提出支付申请等具体对接事宜，吴某某负责审批、支付款项。冯某某明知公司与游戏商人合作，为吸引玩家充值以加大金币消耗，仍在不同渠道推广捕鱼游戏。经鉴定，2018年9月至2019年8月，许某某等5名公司人员通过上述方式收取赌资充值共计人民币2600余万元。姚某某等5名游戏商人参与金额30余万元至1000余万元不等。

2020 年间，在结束与游戏公司的合作之后，被告人寇某某仍利用捕鱼游戏平台为多名游戏玩家进行游戏道具与人民币的兑换，出售游戏弹头收取人民币共计 17 万余元。

【案件焦点】

1. 合法网络游戏中网络赌场及网络赌博行为应如何认定；2. 游戏商人利用合法网络游戏平台上、下分的行为成立开设赌场罪还是赌博罪。

【法院裁判要旨】

北京市朝阳区人民法院经审理认为：捕鱼游戏本身系博概率的游戏，游戏玩家充值获得金币，通过消耗金币打鱼随机获得金币或弹头奖励，弹头可以通过游戏商人兑现，其赌博模式包括充值下注、发生概率事件、道具变现三个环节。被告人许某某等平台方人员在充值下注环节，植入斗地主等赌博性质小游戏，推广吸引玩家充值、加大金币消耗；在发生概率事件环节，研究游戏弹头市场价值、调控弹头产出量和游戏赔率；在道具变现环节，与游戏商人合作，研究制定扶持游戏商人、回收弹头政策，通过开展实物兑换以及回购弹头等方式稳定弹头市场价格，实质性形成了网络赌场。被告人姚某某等游戏商人与游戏公司合作，以充值返利的方式吸引玩家充值下注，通过回购弹头为游戏玩家提供变现渠道，参与赌场形成的两个重要环节。十被告人明知游戏玩家利用捕鱼游戏平台进行赌博仍分工合作开设赌场，十被告人均构成开设赌场罪。

在结束与游戏公司的合作之后，捕鱼游戏平台仍然存在，被告人寇某某明知他人利用该平台进行赌博活动，仍向邹某等多名赌客出售弹头、提供赌博筹码，属于聚众赌博，其行为构成赌博罪。区别于实体赌场，赌客参与网络赌博不需要在同一时间、空间进行，对辩护人所提寇某某没有同时组织三人以上赌博，不构成赌博罪的辩护意见不予采纳。

北京市朝阳区人民法院判决如下：

一、被告人许某某犯开设赌场罪，判处有期徒刑六年，罚金人民币 100 万元；

二、被告人姬某某犯开设赌场罪，判处有期徒刑五年六个月，罚金人民币50万元；

三、被告人向某犯开设赌场罪，判处有期徒刑四年六个月，罚金人民币50万元；

四、被告人吴某某犯开设赌场罪，判处有期徒刑五年六个月，罚金人民币50万元；

五、被告人冯某某犯开设赌场罪，判处有期徒刑三年，罚金人民币10万元；

六、被告人姚某某犯开设赌场罪，判处有期徒刑四年六个月，罚金人民币5万元；

七、被告人徐某某犯开设赌场罪，判处有期徒刑四年三个月，罚金人民币5万元；

八、被告人李某犯开设赌场罪，判处有期徒刑四年，罚金人民币4万元；

九、被告人陈某某犯开设赌场罪，判处有期徒刑三年六个月，罚金人民币4万元；

十、被告人寇某某犯开设赌场罪，判处有期徒刑三年，罚金人民币2万元；犯赌博罪，判处有期徒刑六个月，罚金人民币1万元，决定执行有期徒刑三年三个月，罚金人民币3万元；

十一、继续追缴被告人姚某某、李某、寇某某的违法所得予以没收；

十二、在案之款、物依法一并处理。

被告人寇某某等人提出上诉。北京市第三中级人民法院经审理认为：一审法院作出的判决，定罪及适用法律正确，量刑适当，审判程序合法，据此裁定：

驳回上诉，维持原判。

【法官后语】

在网络游戏中，除游戏开发者与游戏玩家外，还存在一类特殊主体，即游戏商人。随着赌博犯罪活动从线下迁移至网络空间，游戏商人充当为参赌人员提供充值下注、筹码变现等便利条件的角色，成为网络赌博犯罪中的重要一环。

在涉游戏商人的网络赌博犯罪中，参赌人员众多，赌资动辄上亿元，社会危害性远超线下赌博犯罪。但由于网络赌博犯罪不同于传统赌博犯罪的构造，因此有必要对网络游戏平台中的“网络赌场”作出明确界定。在此基础上，对游戏商人的行为进行准确认定。

1. 合法网络游戏中网络赌场的认定

赌博包含“偶然性因素”与“财产得失”两个层面的含义，结合这一本质，网络游戏平台成为网络赌场需同时具备两个条件：一是网络游戏平台具有发生概率事件的功能。赌博带有偶然性因素，如果是概率性游戏，玩游戏的过程就是发生概率性事件的过程，网络游戏平台实质上为参赌人员实施以小博大的射幸行为提供了条件。二是能够实现虚拟道具与法定货币的自由兑换。在概率性游戏中，玩家通过充值获取游戏道具，通过消耗道具发生概率性事件以获取更多的道具，游戏结束系统就会进行结算，至此完成游戏的娱乐功能。但如果网络游戏平台能够实现虚拟道具与法定货币的兑现，玩家可以将道具兑换成人民币，那么网络游戏平台就相当于为参赌人员实现获利提供了条件。

合法网络游戏一般只具有发生概率性事件的功能，不具有道具兑现功能，不能直接评价为网络赌场。但在有游戏商人存在的合法网络游戏中，合法网络游戏除正常娱乐功能外，还兼具了部分赌博的功能。当游戏商人利用网络游戏平台发生的概率性事件，为游戏玩家提供变现渠道时，形成了一个完整的闭环，因此在合法网络游戏平台中，有游戏商人参与的部分属于网络赌场。

2. 合法网络游戏中游戏商人行为的认定

游戏商人在网络游戏中主要从事上分、下分。上分是指将人民币兑换为游戏币、游戏装备、游戏积分等游戏道具，为参赌人员提供赌博筹码下注的行为；下分是指将游戏道具兑换为人民币，为参赌人员提供变现渠道的行为。

(1) 利用合法网络游戏平台自主上、下分成立聚众型赌博罪

一是该行为不构成开设赌场罪。开设的本质意在强调赌场从无到有的形成过程，也即行为实施之初，便创造了一个违反法律法规的真实存在。虽因游戏商人的介入，使得合法网络游戏平台具有了部分赌博功能，在一定范围内形成

了赌场。但游戏平台本身先于游戏商人存在，将游戏商人的行为认定为开设赌场有扩大解释之嫌。且成立开设赌场罪要求行为人对赌博场所或空间有一定的支配或控制权。但游戏商人往往寄附于网络游戏平台，且随时可能因游戏下架而失去存在的空间，对网络游戏平台并不具有支配性和控制性。

二是该行为成立聚众型赌博罪。在传统聚众型赌博犯罪中，组织他人赌博是指将零散的个体聚集在同一时间、空间进行赌博。但在网络游戏平台中，对聚众赌博应作出符合网络空间特征的理解。一方面，游戏商人往往会在自己账户头像或签名栏等明显处留下联系方式，发布“回收、出售虚拟道具”的信息，其本质在于招揽、组织他人参与赌博。另一方面，在网络游戏平台中，借助于互联网络技术，参赌人员无须在同一时间、空间即可进行赌博行为。因此，在网络空间中对聚众的要求不应再局限于同一时空，只要游戏商人招揽吸引了三人以上在游戏平台中进行赌博，即构成聚众型赌博罪。

（2）与合法网络游戏平台合作实施上、下分成立开设赌场罪的共同犯罪

合法网络游戏平台不允许存在兑现功能，对游戏中自发形成的游戏商人，平台方有义务通过封号、禁言等方式防止游戏商人利用平台为赌博提供条件。但因游戏商人能为平台方吸引大量游戏玩家，部分合法网络游戏平台表面对游戏商人持打击态度，私下却与游戏商人合作，默许游戏商人的行为。在此情况下，尽管合法网络游戏平台本身不存在兑现功能，但通过与游戏商人合作事实上具备了兑现功能，在一定范围内形成了网络赌场，平台方构成开设赌场罪。同时，因为游戏商人与平台方具有共同犯罪的故意，游戏商人的行为成立开设赌场罪的共同犯罪。

本案捕鱼游戏本身系经有关部门备案的合法网络游戏，但因游戏商人的加入，在与游戏商人合作的范围内形成了网络赌场。寇某某与捕鱼游戏平台方合作，为参赌人员提供道具、回购弹头服务并为游戏玩家提供变现渠道，构成开设赌场罪的共犯。在结束与游戏平台方的合作后，寇某某仍通过买卖弹头、出租游戏账号等方式聚集多人赌博并获取利益，构成聚众型赌博罪。

编写人：北京市朝阳区人民法院　杨妮　王杨

13

松散型管理的组织卖淫罪中“组织”要件如何认定

——李某等组织卖淫、协助组织卖淫案

【案件基本信息】

1. 裁判书字号

广西壮族自治区百色市中级人民法院（2020）桂10刑终117号刑事裁定书

2. 案由：组织卖淫罪、协助组织卖淫罪

【基本案情】

2019年4月，李某、李某1商量合伙开设卖淫场所。因资金困难，李某1介绍李某2入伙（李某2系李某1的胞姐）。三人在某镇26号合伙开设“休闲会所”。合伙协议约定：李某、李某2各出资5万元，盈余按照李某55%、李某2 45%比例分配。实际李某1与李某2共同出资，并参与李某2所占比例的分红。该会所表面上是提供保健按摩服务，实际上则是组织女子从事卖淫活动。会所内提供“快餐”“半套”“全套”“包夜”四项性服务，嫖资按四成比例抽成牟利。李某负责会所日常管理、保证场所安全，李某1协助管理，介绍谭某、莫某1到会所卖淫。李某2、甘某（李某的前妻）负责管理嫖资、发放利润分成，黄某受聘到会所参与接待嫖娼人员、登记卖淫女上钟的时间、项目等工作，按月领取固定工资。

经营过程中，为逃避侦查，李某等人建立“小学同学群”微信群，要求店内卖淫女加入微信群，事先约定微信表情作为卖淫暗语。例如，有公安机关检查发1个“炸弹”，快餐服务发1个“微笑”，半套服务发2个“微笑”，全套服务发3个“微笑”，项目结束了发“凋谢的玫瑰”。该会所为卖淫女进行编

号，提供食宿。

2020 年 11 月 16 日 2 时许，公安机关在会所内抓获李某和正在进行卖淫活动的卖淫人员谭某，分别于 2020 年 11 月 28 日、2020 年 12 月 11 日抓获李某 1、李某 2。经公安机关通知，甘某、黄某到公安机关投案并如实供述了自己的罪行。

2019 年 4 月至案发，李某等组织谭某、梁某、黄某 1、韦某、莫某、莫某 1 等在“某会所”内卖淫。经统计，李某 2 自 2019 年 12 月 13 日至 2020 年 11 月 16 日收到卖淫女微信转账 160084 元；甘某自 2019 年 6 月 24 日至 2020 年 11 月 16 日收到卖淫女微信转账共计 349277 元。

【案件焦点】

组织卖淫罪与协助组织卖淫罪、容留卖淫罪的界限。

【法院裁判要旨】

广西壮族自治区田东县人民法院经审理认为：被告人李某、李某 2、李某 1、甘某以经营按摩场所作为掩护，为牟取非法利益，共同组织多名妇女卖淫，其行为均触犯《中华人民共和国刑法》第三百五十八条第一款之规定，构成组织卖淫罪；被告人李某、李某 2、李某 1 在共同犯罪中起主要作用，系主犯，应当按照其所参与的全部犯罪处罚；被告人甘某在共同犯罪中起次要作用，系从犯。被告人黄某明知他人从事组织卖淫活动，而予以协助他人组织卖淫，其行为触犯《中华人民共和国刑法》第三百五十八条第四款之规定，构成协助组织卖淫罪。综合五名被告人的犯罪事实、性质、情节、危害后果及认罪态度，判决如下：

一、被告人李某犯组织卖淫罪，判处有期徒刑五年六个月，并处罚金人民币 15 万元；

二、被告人李某 2 犯组织卖淫罪，判处有期徒刑五年六个月，并处罚金人民币 10 万元；

三、被告人李某 1 犯组织卖淫罪，判处有期徒刑五年六个月，并处罚金人民币 6 万元；

四、被告人甘某犯组织卖淫罪，判处有期徒刑三年，缓刑四年，并处罚金人民币 1 万元；

五、被告人黄某犯协助组织卖淫罪，判处有期徒刑一年六个月，并处罚金人民币 5000 元。

李某、李某 2、李某 1 不服一审判决，提起上诉。

广西壮族自治区百色市中级人民法院同意一审法院裁判意见，裁定：

驳回上诉，维持原判。

【法官后语】

本案具有与以往组织卖淫罪案件不同的管理控制模式，卖淫人员来去自由，与组织者之间没有明显的人身管理关系。本案关键在于如何透过现象看本质，精准把握组织卖淫罪中的“组织”要件，作出罪刑相当的判决。

一、组织卖淫罪与协助组织卖淫罪、容留卖淫罪的最大区别在于是否具有组织性

《最高人民法院、最高人民检察院关于办理组织、强迫、引诱、容留、介绍卖淫刑事案件适用法律若干问题的解释》（以下简称《解释》）将组织卖淫行为以列举的方式表述为：以招募、雇佣、纠集等手段，管理或者控制他人卖淫，卖淫人员在三人以上的，应当认定为《中华人民共和国刑法》第三百五十八条规定的“组织他人卖淫”。结合刑法理论和该司法解释的规定，关于组织卖淫的组织性，可以从行为表现和行为效果综合判定。

第一，从行为表现上看，组织手段具有复合性。组织行为是一个比较复杂的过程，包括卖淫组织的建立、对卖淫者进行管理、组织、安排卖淫活动等，具有全局性、规划性、稳定性，涉及卖淫活动各个环节，很难依靠单一的手段完成。《解释》列举了招募、雇佣、纠集等手段，但未具体予以释明。除上述三种外，常见组织手段还有引诱、强迫、容留、介绍等，行为人的手段无论如何复杂和隐蔽，其认定的标准在于行为人是否通过对卖淫人员或卖淫活动安排，使得分散的卖淫人员、分散的卖淫活动具有协调性及组织性。

第二，从行为效果上看，组织者实现了对卖淫人员和卖淫活动的有效管理

和控制。在松散型管理的卖淫组织罪中，认定存在管理或者控制行为有三点：一是组织者是否存在安排和调度。简单地以制定上下班考勤制度、奖惩机制等作为人身管理、控制标准，确实与实际情况不符。因此，审查重点是组织者对卖淫人员在何处、何时、向谁卖淫具有把控、决定权。二是卖淫人员是否依附组织者。主要表现在客源主要依赖组织者提供，卖淫人员与嫖客是否达成卖淫协议不取决于卖淫人员，卖淫自主权受限。三是卖淫人员是否具有嫖资的控制权。如果组织者统一定价，收取嫖资后再按照固定比例给卖淫人员提成的，一般可以认定是控制行为。反之，如果卖淫人员自行与嫖客商定价格，收取嫖资后再与组织者分成的，一般不认为是控制。

通过以上对组织性的分析，可以看出，组织手段的复杂程度、差异情况，可以对组织卖淫与容留卖淫、协助卖淫作出初步判断，而准确定罪量刑，还需判断行为是否能够实现对卖淫活动的管理或者控制的效果。

二、本案五名被告人的行为认定

1. 李某、李某2、李某1纠集、容留多名卖淫人员从事卖淫活动的同时，事先安排应付检查暗号，安排接待、望风、财务、后勤等不同卖淫环节的分工，通过统一定价、嫖资分配比例、人员编号等管理、控制手段，使原本分散无序的卖淫活动有序化，符合组织卖淫罪的外在表现和本质特征，依法应当认定为组织卖淫罪。虽然组织者对卖淫活动外的行为不直接管理，看似松散，来去自由，但不影响对其组织性的认定。

2. 甘某对策划、管理、控制起次要作用，在案有充分证据证实，甘某在会所工作时间，系其与李某婚姻存续期间。作为该店的“老板娘”，并非单纯履行管账职权，而是一定程度上代替李某行使管理行为，只是与李某等人相比明显处于从属地位，应以组织卖淫罪的从犯论处。

3. 黄某不涉及管理、控制等行为，其受雇参与组织卖淫活动，从事接待顾客、记录卖淫项目收入、放风、传递暗号等，与组织卖淫手段有明显差异，实施的显然是“客服”角色的协助行为，应当按协助组织卖淫罪定罪。

编写人：广西壮族自治区田东县人民法院　韦益万

（二）犯罪的预备、未遂和中止

14

强奸未遂与中止的区别和认定

——温某强奸案

【案件基本信息】

1. 裁判书字号

福建省厦门市中级人民法院（2022）闽02刑终267号刑事判决书

2. 案由：强奸罪

【基本案情】

被告人温某与李某系男女朋友，双方交往期间因琐事发生争吵、感情不和。2022年1月3日，被告人温某误认为李某居住于其朋友即被害人陈某位于某小区××号××室的住处，为修复感情，遂到该处寻找李某。当日4时许，被告人温某使用其之前从李某处得知的门锁密码打开被害人陈某的家门，进入被害人陈某家中，发现家中仅有被害人陈某一人熟睡在卧室床上后，便上前用手抠摸被害人陈某的阴道、胸部等部位，脱去裤子，用阴茎顶住陈某的阴道口企图强行与被害人陈某发生性关系，因被害人陈某惊醒后厉声呵斥、挣扎反抗并报警未能得逞，后被告人温某离开现场。

案发后，被害人陈某报警，被告人温某在某小区××号一楼等待民警到达现场调查处理。归案后，被告人温某未如实供述上述犯罪事实，直至案件审理阶段才作如实供述。

【案件焦点】

被告人在实施暴力过程中因被害人报警而停止暴力行为，是犯罪未遂还是犯罪中止。

【法院裁判要旨】

福建省厦门市海沧区人民法院经审理认为：被告人温某系在实施犯罪行为的过程中，因被害人陈某惊醒后厉声呵斥并挣扎反抗而停止犯罪行为，且在被害人陈某报警后才离开卧室，并非被告人自愿主动放弃犯罪，属“欲达目的而不能”，依法应认定为犯罪未遂。辩护人该节辩护意见不成立，本院不予采纳。被告人温某违背妇女意志，趁被害人陈某熟睡无反抗意识之机实施强奸，其行为已构成强奸罪。公诉机关指控的罪名成立。被告人温某已经着手实行犯罪，由于意志以外的原因而未得逞，系犯罪未遂，依法可以比照既遂犯减轻处罚。依照《中华人民共和国刑法》第二百三十六条第一款、第二十三条之规定，判决如下：

被告人温某犯强奸罪，判处有期徒刑二年八个月。（刑期自判决执行之日起计算。判决执行以前先行羁押的，羁押一日折抵刑期一日。即自 2022 年 1 月 4 日起至 2024 年 9 月 3 日止。）

温某不服一审判决，提出上诉。

福建省厦门市中级人民法院经审理认为：被害人在第一次发现温某实施侵犯时即已开始反抗并明确表示拒绝，但因饮酒过量又睡去，温某非但没有停止，而是继续实施侵犯，被害人第二次醒来后，进行挣扎反抗，并呵斥“滚开，你再这样我就报警了”，后用力推开被告人，并在床上立即用手机报警。被告人温某因被害人反抗及报警而未能得逞，并非其主动放弃犯罪，系犯罪未遂。上诉人温某违背妇女意志，强行与妇女发生性关系，其行为已构成强奸罪。上诉人温某已经着手实行犯罪，由于意志以外的原因而未得逞，系犯罪未遂，依法可以比照既遂犯减轻处罚。原判定罪准确，审判程序合法，综合考虑上诉人温某的犯罪情节、认罪悔罪态度、危害后果等作出的量刑适当。上诉人及其辩护人请求从轻改判的意见，理由不足，不予采纳。依照《中华人民共和国刑事诉讼法》第二百三十六条第一款第一项之规定，裁定如下：

驳回上诉，维持原判。

【法官后语】

强奸案件中，大部分情况下证据都是一对一，在客观遗传物质（DNA）证据较易固定的今天，犯罪嫌疑人为了减轻罪责，往往从主观上寻找无罪或罪轻的突破口。在未实行终了的强奸案件中，往往辩解没有达到强奸的目的，只是实施了猥亵，或者系自动放弃实施强奸犯罪，此种情况下，如何准确认定强奸中止与未遂，存在一定难度。

强奸未遂指由于犯罪分子意志以外的原因而未能得逞，属于“欲而不能”；强奸中止指犯罪分子自己在能完成犯罪目的的情况下，自动放弃犯罪或者自动有效地防止犯罪结果发生，属于“能而不欲”。二者的区别主要有：

1. 发生的时间不同。犯罪未遂发生在已经着手实施犯罪以后，犯罪预备阶段不存在犯罪未遂。犯罪中止则要求必须在犯罪过程中放弃犯罪，即在实施犯罪预备或者在着手实施犯罪以后。

2. 未能完成犯罪的原因不同。在犯罪未遂中，犯罪未能得逞是由于行为人意志以外的原因，犯罪的实际结果违背行为人的本意，即欲为而不能为。在犯罪中止中，行为人出于自己的意志而主动放弃当时可以继续实施和完成的犯罪，即能为而不为。这是犯罪中止与犯罪未遂的根本区别。（1）“不能”应以行为人主观上的判断为准。行为人主观上还是希望犯罪既遂所要求的结果能够出现，只是客观上不能，即使客观上还有可能将犯罪行为实施至既遂状态，但行为人本人主观上认为不能，进而停止犯罪行为的，也认为是犯罪未遂。（2）意志以外的原因（障碍）主要包括：①抑制犯罪意志的原因，即某种事实使行为人认为自己客观上已经不可能继续实行犯罪，从而被迫停止犯罪。在这种情况下，对于是否继续实行犯罪，行为人主观上没有选择的余地，只能被迫放弃犯罪，如被害人强烈反抗，被害人报警而行为人怕被惩罚等。②抑制犯罪行为的原因，即某种情况使行为人在客观上不可能继续实行犯罪，如被其他人发现并制止，行为人身体状况出现问题（生殖器不能勃起）等。③抑制犯罪结果的原因，即行为人已将其认为应当实行的行为实行终了，但某种情况阻止了结果的发生。

3. 行为结果不同。犯罪未遂的结果是犯罪未得逞，是指行为人没有完成某一犯罪的全部构成要件，并不等于不发生任何损害结果。犯罪中止要求行为人必须彻底地放弃犯罪。自动有效地防止犯罪结果发生的犯罪中止还要求行为人必须有效地防止他已经实施的犯罪行为之法定犯罪结果的发生。

4. 刑事责任不同。对于未遂犯，可以比照既遂犯从轻或者减轻处罚。对于中止犯，没有造成损害的，应当免除处罚；造成损害的，应当减轻处罚。对中止犯的处罚轻于未遂犯，其目的是鼓励犯罪分子不要把犯罪行为进行下去，从而有效地保护国家和人民的利益免遭犯罪的侵害。

区分强奸中止与未遂关键在于正确、全面、辩证地理解何谓不愿为，何谓不能为。从刑法理论和司法实践中来看，应结合案发时继续从事犯罪的难易程度、是否彻底自愿放弃犯罪等进行综合评价。

本案中，被告人主张其行为应认定为犯罪中止，理由是：第一，被告人力量明显大于被害人，虽然被害人对侵犯行为进行了反抗，但被害人当时处于醉酒状态，反抗行为不足以制止强奸行为的发生。第二，侵犯行为发生在被害人独居的家中，外界并不能发现。第三，在被害人拒绝后被告人马上停止侵犯动作并意识到行为不妥便下床离开，属于在完全可以继续实施强奸行为的情况下主动放弃，应认定为犯罪中止。

但事实果真如此吗？

首先，在继续从事犯罪的难易程度上，虽然案发时是在被害人独居的家中，且被害人醉酒，但被害人对被告人的犯罪行为进行了强烈的反抗，并掏出手机报警，警察随时有可能到达犯罪现场，被告人的犯罪行为显然是不能轻易得逞的。

其次，在是否彻底自愿放弃犯罪上，本案中被告人先后试图两次对被害人进行强奸。被害人在第一次发现被告人实施侵犯时已经开始反抗并明确表示拒绝，但因饮酒过量又睡去。如若真如被告人所言，其意识到行为不妥，便停止侵犯行为，则其便会离开被害人家中。可是，被告人非但没有离开，反而是继续实施侵犯，被害人第二次醒来后，进行挣扎反抗，并呵斥“滚开，你再这样我就报警了”，后用力推开被告人，并在床上立即用手机报警，被告人才离开了被害人家中。

综上，本案中被告人在实施暴力过程中，始终无法彻底压制被害人，并在被害人报警时才离开，可见被告人是害怕被警察当场抓获而没有继续实施犯罪行为，并非其主动放弃犯罪，属于被告人意志以外的客观原因未能得逞，应当认定为强奸未遂。

编写人：福建省厦门市海沧区人民法院　卢建斌　杨惠美

15

毒品尚未实际交付即被查获的如何认定犯罪形态

——赵某贩卖毒品案

【案件基本信息】

1. 裁判书字号

河北省唐山市中级人民法院（2022）冀02刑终261号刑事裁定书

2. 案由：贩卖毒品罪

【基本案情】

2018年11月28日下午，被告人赵某受微信好友“岁月如歌”之托，驾车从遵化市到唐山市丰润区找齐某（另案处理）购买毒品，并通过微信先向齐某支付1000元作为定金。当天15时许，被告人赵某驾车来到齐某位于唐山市丰润区某小区×楼×门×号的住处，“岁月如歌”通过微信转账给被告人赵某15000元，被告人赵某明知“岁月如歌”的钱款用于贩卖毒品仍通过微信向齐某支付5000元毒资（另有10000元毒资因被告人赵某微信转账限额问题未能支付成功)。齐某把称重显示为 35.78 克(含包装袋重量)的毒品放入一黑色袜子,准备让被告人赵某带给“岁月如歌”。当天 17 时许,二人下楼欲到银行支取尾款时,被守候在某小区×楼×门楼道内的侦查人员当场抓获,并当场查获在一黑色袜子内的两袋毒品疑似物。经公安机关称重,一袋为 33.33 克,一袋为 0.38 克。经市公安局物证鉴定所检验,上述两袋毒品疑似物中均检出甲基苯丙胺成分。

【案件焦点】

1. 在案证据能否认定被告人赵某明知他人贩卖毒品而代购的行为;2. 其他共同犯罪人不到案如何认定主从犯;3. 毒品尚未实际交付即被查获的如何认定犯罪形态。

【法院裁判要旨】

河北省唐山市丰润区人民法院经审理认为:被告人赵某明知他人贩卖毒品,仍帮助其购买毒品甲基苯丙胺,其行为已构成贩卖毒品罪,公诉机关的指控成立。被告人赵某在被判处有期徒刑以上刑罚,刑罚执行完毕后五年内再犯应当被判处有期徒刑以上刑罚之罪,系累犯,依法予以从重处罚。被告人赵某当庭自愿认罪,依法予以从轻处罚。被告人赵某在共同犯罪中起次要、辅助作用,系从犯,依法予以减轻处罚。被告人赵某主观上具有帮助贩卖的故意,客观上实施了联系贩毒、支付毒资事宜并到达交易现场,已成立犯罪既遂。据此,河北省唐山市丰润区人民法院以贩卖毒品罪,判处被告人赵某有期徒刑六年七个月,并处罚金人民币 1 万元。

被告人赵某不服,以其系贩卖毒品未遂,原判量刑过重为由提出上诉。河北省唐山市中级人民法院经审理认为:原判认定事实清楚,证据确实充分,量刑并无不当。审判程序合法。赵某上诉所提,理据不足,本院不予支持。据此裁定如下:

驳回上诉,维持原判。

【法官后语】

本案的争议焦点在于被告人赵某的主观明知及其主从犯地位如何认定；毒品尚未实际交付即被查获的如何认定犯罪形态。

一、本案被告人赵某明知他人贩卖毒品而代购，应以贩卖毒品罪的共犯论处

明知他人实施毒品犯罪而为其居间介绍、代购代卖的，无论是否牟利，都应以相关毒品犯罪的共犯论处。贩卖毒品是指明知是毒品而非法销售或者以贩卖为目的而购买的行为。本案中，被告人赵某供述其知道“岁月如歌”既买毒品也卖毒品，通过微信聊天记录等电子证据亦能够证实“岁月如歌”购买毒品是为了贩卖赚取差价，这足以认定被告人赵某主观明知“岁月如歌”是为了贩卖毒品而购买毒品，然而被告人赵某客观上依然实施了帮助“岁月如歌”购买毒品的行为，故应以贩卖毒品罪的共犯论处。

二、本案被告人赵某对完成交易起帮助作用，即使主犯未到案，仍应认定为从犯

对于确有证据证明在共同犯罪中起次要或者辅助作用的，不能因为其他共同犯罪人未到案而不认定为从犯，甚至将其认定为主犯或者按主犯处罚。只要认定为从犯，无论主犯是否到案，均应依照刑法关于从犯的规定从轻、减轻或者免除处罚。本案被告人赵某受“岁月如歌”之托联系齐某购买毒品，在交易现场亦受“岁月如歌”指挥，通过微信接收“岁月如歌”毒资并向齐某支付，因此，被告人赵某并不是毒品交易方，仅是帮助“岁月如歌”完成毒品交易，在共同犯罪中起次要或辅助作用，即使“岁月如歌”不到案，仍应认定为从犯，依法予以减轻处罚。

三、本案中涉案毒品尚未实际交付即被查获，但被告人赵某与齐某已进行实质交易，应成立犯罪既遂

毒品买卖双方均已就毒品交易达成合意并进入了实质交易阶段，仅因公安机关及时抓捕而未予以毒品、毒资实际交接的，应认定构成犯罪既遂。本案中，被告人赵某联系齐某购买毒品并支付定金，到达交易现场与齐某接洽好毒品价

格、数量，又向齐某支付部分毒资，剩余毒资因被告人赵某微信转账限额问题未能支付成功，在二人下楼欲到银行支取尾款时被公安抓获，现场查获毒品。因此，虽然毒品尚未实际交付即被查获，但赵某与齐某双方正在进行毒品交易，且已达成交易共识并进入了实质交易阶段，应成立犯罪既遂。

综上，在审理毒品犯罪案件中，既要坚持依法从严惩处毒品犯罪的审判指导思想，又要坚持贯彻宽严相济的刑事政策，确保罚当其罪。

编写人：河北省唐山市丰润区人民法院　白浩锋

（三）共同犯罪

16

共同走私案件主从犯的认定

——薛某某走私普通货物案

【案件基本信息】

1. 裁判书字号

河北省廊坊市中级人民法院（2022）冀10刑初8号刑事判决书

2. 案由：走私普通货物罪

【基本案情】

2018年5月至2019年3月，被告人薛某某在A国使用聊天工具与位于我国境内的王某某（已判决）取得联系后，多次将其在A国收购的大量某品牌中央处理器（CPU）向王某某销售并牟利。薛某某将上述CPU由A国通过国际快递方式寄送入境，其明知上述CPU为应税货物，仍伙同王某某通过伪报货物信息、伪报贸易性质、变更国内收货地址等方式逃避海关税款征收。经海关核定，自 2018 年 5 月至 2019 年 3 月，薛某某向王某某出售的走私货物、物品应缴税额共计人民币 267.927828 万元，偷逃税款共计人民币 267.927828 万元。

【案件焦点】

走私普通货物案件中，境外发货人按照境内收货人的要求实施逃避海关监管的行为，如何认定主从犯。

【法院裁判要旨】

河北省廊坊市中级人民法院经审理认为：被告人薛某某为王某某走私普通货物提供方便，逃避海关监管，非法邮寄普通货物进境，偷逃应缴税额特别巨大的事实清楚，证据确实、充分，其行为已构成走私普通货物罪。根据《中华人民共和国进出口关税条例》第五条的规定，进口货物的收货人、出口货物的发货人、进境物品的所有人，是关税的纳税义务人。本案中，进口货物的收货人是王某某，薛某某只是境外发货人，因此本案的纳税义务人是王某某，薛某某并非纳税义务人。且王某某在供述中也明确支付给薛某某的货款中不包含税款。薛某某实施的伪报货物信息、将大包改小包、更换收货地址、委托通关公司清关的行为均是按照王某某要求实施的，薛某某作为境外发货方只是为了完成交易，该行为的真实获利人是王某某，薛某某实施的是为王某某实施走私偷逃税款提供帮助的行为，薛某某在共同犯罪中所起的作用是辅助作用，依法应当认定为从犯，可以从轻或减轻处罚。

河北省廊坊市中级人民法院依照《中华人民共和国刑法》第一百五十三条第一款第三项和第三款、第一百五十六条、第二十五条、第二十七条、第五十二条、第五十三条及《最高人民法院、最高人民检察院关于办理走私刑事案件适用法律若干问题的解释》第十六条第一款之规定，作出如下判决：

被告人薛某某犯走私普通货物罪，判处有期徒刑四年，并处罚金人民币 20 万元。

一审判决后，被告未提起上诉，检察机关未提起抗诉，该判决已发生法律效力。

【法官后语】

本案审理过程中争议的焦点在于，境外发货人薛某某在境内货主要求下实施的走私行为属于帮助行为还是实行行为，对薛某某应认定为主犯还是从犯。在走私犯罪司法实践中，实行犯和帮助犯在具体犯罪行为方面往往存在重合，难以区分。认定主从犯时，通常从犯意的提起、行为的分工、犯罪主体的身份、资金的投入与收益等方面综合考察。本案判决首先根据《中华人民共和国进出口关税条例》中关于关税纳税义务人的规定，对薛某某在犯罪行为中的地位作出了认定；在此前提下，结合犯意的提出及非法利益的归属等情节，对薛某某行为的性质及其在犯罪中所起的作用作出了认定。

走私罪可分为涉税类及非涉税类，走私普通货物罪是典型的涉税类走私，法律法规明确规定，对于允许进口的货物征收海关关税，负有申报责任的主体应当如实向海关申报并缴纳税款，违反海关监管，偷逃税款数额较大的行为构成本罪。本案中，薛某某作为境外供货商，按照境内货主王某某的要求实施了伪报货物信息、大包改小包、更换收货地址、委托通关公司清关等行为。从上述行为本身来看，均属于以欺骗、隐瞒方式逃避海关监管，难以认定系实行行为还是帮助行为。这时，就需要根据行为人的身份来认定行为的性质。

《中华人民共和国进出口关税条例》第五条规定，进口货物的收货人、出口货物的发货人、进境物品的所有人，是关税的纳税义务人。偷逃关税的前提是行为人负有缴纳关税的义务。薛某某的身份是进口货物的境外发货人，不属于上述规定中的关税纳税义务人，因此不符合偷逃关税的主体要件，其自身不能实施偷逃关税的行为，只能实施帮助其他主体偷逃关税的行为；另案处理的王某某作为境内收货人，负有缴纳关税的义务，能够成为偷逃关税的主体，事实上，其在薛某某的帮助下，实施了偷逃关税的行为。从犯罪的主观方面来看，薛某某的动机是通过为王某某逃税提供帮助，促使双方完成交易，从而赚取交易利润，而不具有获取偷逃税款利益的动机，故薛某某主观上属于帮助故意，其在帮助故意下实施的行为应认定为是对王某某走私提供帮助。另外，从犯意的提起来看，薛某某系在王某某要求下实施帮助偷逃税款的行为，不属于犯意的提起者；从违法利益归属情况看，薛某某收取的是正常交易价款，获得的是交易利润而不是偷逃税款的非法利益，其没有从犯罪行为中获利，偷逃税款利益全部归属于境内货主王某某。王某某经另案生效判决认定为走私普通货物罪主犯。综合考虑以上因素，薛某某在犯罪中所起的是次要、辅助作用，应认定为从犯。

编写人：河北省廊坊市中级人民法院　徐兵

17

生猪养殖人员出售未检疫生猪给非法私设的屠宰场构成非法经营罪的共犯

——杨某某等非法经营案

【案件基本信息】

1. 裁判书字号

浙江省丽水市中级人民法院（2022）浙 11 刑终 108 号刑事裁定书

2. 案由：非法经营罪

【基本案情】

2020 年 7 月、8 月至 10 月初，被告人杨某某在未依法取得定点屠宰资质的情况下，在某村偏僻之处私设屠宰场，并雇用被告人程某某、罗某某为其运输从陈某甲（另案处理）等处购买的未经检疫的生猪至私设的屠宰场。

2020 年 10 月至 2021 年 11 月，被告人杨某某、徐某某共谋，利用被告人徐某某位于某村空闲的民房私设屠宰场，从事非法生猪屠宰活动，其中被告人杨某某负责出资购买生猪、生猪的屠宰及宰杀后猪肉的出售，被告人徐某某在屠宰场帮忙过磅接收、临时圈养生猪以及在屠宰过程中从事帮忙烧水、搬运猪肉等活动，被告人程某某、罗某某则继续接受被告人杨某某的雇用为其运输未经检疫的生猪至该私设屠宰场。其间，被告人杨某某从被告人林某某、陈某乙及陈某甲、蔡某某（刑拘在逃，另案处理）等人处收购2600余头未经检疫的生猪并在被告人徐某某处非法屠宰后进行销售，销售金额达1000余万元，从中非法获利20余万元；被告人徐某某按宰杀一头生猪获取100元报酬的方式获取好处费26万余元；被告人程某某为杨某某运送未经检疫生猪20次左右，所运生猪销售额66万余元，获取好处费2万余元；被告人罗某某为杨某某运送未经检疫生猪12次以上，所运生猪销售额33万余元，获取好处费2万余元。

另查明，被告人林某某系某绿色生态农场经营者。2020年至2021年12月，其违反《中华人民共和国动物防疫法》及生猪屠宰管理规定，多次向被告人杨某某以及微信好友“老陈卖豆腐渣”等人销售未经检疫的生猪用于非法屠宰、销售，累计销售金额达127万余元。其中2021年1月1日至10日，被告人林某某向被告人杨某某私设的屠宰场销售未检疫生猪金额达51万余元，从中非法获利10万余元。

被告人陈某乙系农业公司实际经营者。2020年8月至10月，被告人陈某乙违反《中华人民共和国动物防疫法》及生猪屠宰管理规定，向被告人杨某某私设的屠宰场销售未检疫生猪金额达15万余元，从中非法获利2万余元。

【案件焦点】

被告人林某某出售未检疫生猪给非法私设的屠宰场是否构成非法经营罪的共犯。

【法院裁判要旨】

浙江省青田县人民法院经审理认为：被告人杨某某、徐某某违反国家生猪屠宰相关规定，私设屠宰场宰杀未经检疫的生猪并非法销售，被告人林某某、陈某乙向被告人杨某某等私设的屠宰场提供未检疫生猪用于非法屠宰、销售，被告人程某某、罗某某为被告人杨某某、徐某某私设的非法屠宰场提供运输等帮助，各被告人的行为均已构成非法经营罪，且属共同犯罪。其中被告人杨某某、徐某某、林某某、程某某属情节特别严重，被告人罗某某、陈某乙属情节严重。公诉机关指控的罪名成立。在共同犯罪中，被告人杨某某、徐某某起主要作用，系主犯；被告人林某某、陈某乙、程某某、罗某某起次要、辅助作用，系从犯，对从犯林某某、陈某乙、罗某某均予以从轻处罚，对从犯程某某予以减轻处罚。被告人杨某某到案后如实供述自己的犯罪事实，且退出违法所得，可以从轻处罚；被告人徐某某、陈某乙、程某某、罗某某系自首，且陈某乙、程某某、罗某某自愿认罪认罚、退出全部违法所得，可以从轻处罚。被告人程某某具有犯罪前科，酌情从重处罚。各辩护人提出与此相一致的辩护意见，予以采纳。公诉机关对被告人程某某、罗某某、陈某乙所提量刑建议适当。据此，以非法经营罪，分别判处被告人杨某某有期徒刑八年六个月，并处罚金人民币80万元；判处被告人徐某某有期徒刑七年，并处罚金人民币40万元；判处被告人林某某有期徒刑五年，并处罚金人民币20万元；判处被告人程某某有期徒刑三年，缓刑四年，并处罚金人民币5万元；判处被告人罗某某有期徒刑一年十个月，缓刑二年六个月，并处罚金人民币5万元；判处被告人陈某乙有期徒刑十个月，缓刑一年一个月，并处罚金人民币5万元；被告人徐某某的违法所得人民币26万元、被告人林某某的违法所得人民币10万元均予以追缴，被告人杨某某、陈某乙、程某某、罗某某退出的违法所得共计人民币26万元、扣押在案的作案工具屠宰刀具3把、电子秤1台均予以没收，被告人杨某某银行账户中冻结的款项抵扣罚金后发还被告人杨某某，扣押在案的手机5部发还相应被告人。

被告人杨某某、徐某某、林某某不服一审判决，提出上诉。浙江省丽水市中级人民法院经审理认为：原判认定事实清楚，证据确实、充分，定罪和适用法律正确，量刑适当，审判程序合法。被告人杨某某、徐某某、林某某的上诉理由不成立，不予采纳。

浙江省丽水市中级人民法院依照《中华人民共和国刑法》第二百二十五

条、第二十五条第一款、第二十六条、第二十七条、第六十七条第一款及第三款、第七十二条、第七十三条第二款及第三款、第六十四条，《中华人民共和国刑事诉讼法》第十五条、第二百三十六条第一款第一项的规定，裁定如下：

驳回上诉，维持原判。

【法官后语】

本案认定被告人林某某销售未检疫生猪给非法私设的屠宰场构成非法经营罪的共犯主要基于以下三个方面的考量。

1. 根据《中华人民共和国动物防疫法》的规定，屠宰、出售或者运输动物以及出售或者运输动物产品前，货主应当向当地动物卫生监督机构申报检疫。本案中，动物检疫申报点的动物检疫申报制度、流程、公示牌以及被告人的供述、证人证言能够相互印证，足以证明生猪实行定点屠宰，向合法定点屠宰场销售的生猪必须经法定的检验检疫规程，未经检疫的生猪只能进入非法屠宰场进行屠宰、销售的事实。

2. 被告人林某某提出自己销售未检疫生猪是因为无法办理检验检疫且自己没有进行过生猪检疫申报的辩解与查明的事实不符。首先，依据市农业农村局的登记申报信息，被告人林某某的农场有向合法的具备屠宰资质的食品公司销售生猪且申报检疫的记录，证明其主观上明知检疫义务以及定点屠宰须经检疫的规程；其次，其辩称规模养殖户可以申报检疫、散户不能申报检疫的事实与其本人申报检疫记录以及相应农业部门、乡镇机关的疫苗、耳标申领记录、证人薛某某、夏某某的证言明显不符，且该辩解无其他证据予以印证，不足采信。

3. 被告人林某某出售大量未经检疫的生猪给他人，且生猪重量均为300斤以上，同时购买者在交易后即发送宰杀后生猪存在问题的照片或视频给林某某，足以认定被告人林某某出售的生猪均系被用于屠宰、销售。

综上，被告人林某某在从事养殖业生产经营过程中，有参与过生猪疫病防控、养殖规模登记、运输许可以及有申报过生猪检疫的既往经历，其明知生猪检疫义务以及定点屠宰的法律规定，却在未检疫的生猪只能向非法私设的屠宰场提供的情况下，将大量未经检疫的生猪提供给非法设立的屠宰场，为私设屠宰场的非法经营活动提供了货源，起到了帮助作用，应认定其构成非法经营罪的共犯，且系从犯。

本案反映出当前非法生猪屠宰场是问题猪肉的重要来源之一，也暴露出生猪检疫存在安全漏洞，破坏了社会主义市场经济秩序。人民法院将销售未检疫生猪给非法私设的屠宰场的生猪养殖人员列为非法经营罪的共犯，使得非法生猪屠宰场的上下游供应链均被依法判处，有效震慑了非法生猪屠宰违法人员。同时法院及时发出针对性司法建议，建议农业农村局等相关部门完善对生猪屠宰情况的常态化监督；定期开展专项治理行动，查明非法生猪屠宰场的上下游供应链并统一治理；制定完善的检疫制度；通过多渠道、多方式向人民群众普及相关食品安全和法律知识，预防此类案再次发生。体现了法院从严打击治理问题猪肉的决心，为更好保障人民群众吃上“放心肉”，营造安全、放心的食品安全环境提供有力司法保障。

编写人：浙江省青田县人民法院　蔡颖颖

二、刑罚的具体运用

（一）量刑

18

将入罪事实情节评价为罪重罪轻事实情节的，属定罪时重复评价，应当予以禁止

——张某交通肇事案

【案件基本信息】

1. 裁判书字号

贵州省六盘水市中级人民法院（2021）黔02刑终128号刑事判决书

2. 案由：交通肇事罪

【基本案情】

2021年3月18日19时35分许，被告人张某驾驶中型自卸货车由其家门口倒车至贵烟线时，与刘某某驾驶（车载周某）的二轮摩托车发生碰撞并肇事，致刘某某死亡、周某重伤一级。肇事后，张某驾驶肇事车离开现场。经司法鉴定中心鉴定：事故发生时，二轮摩托车右前部与中型自卸货车底部右后方相擦撞成立；中型自卸货车转向系统、照明信号装置、后部车身反光标识、后下部

防护装置不符合国家标准；经六枝特区公安司法鉴定中心检验，刘某某符合左肺破裂致呼吸循环衰竭死亡；经某区人民医院法医司法鉴定所鉴定，周某之伤属重伤一级。某区公安局交通警察大队根据《道路交通安全法实施条例》第九十二条第一款规定：“发生交通事故后当事人逃逸的，逃逸的当事人承担全部责任。但是，有证据证明对方当事人也有过错的，可以减轻责任”和《道路交通事故处理程序规定》第六十一条规定：“当事人有下列情形之一的，承担全部责任：（一）发生道路交通事故后逃逸的……”认定张某承担本次事故的全部责任，刘某某、周某无责任。

【案件焦点】

被告人张某是否构成交通肇事逃逸而应处三年以上七年以下有期徒刑。

【法院裁判要旨】

贵州省六盘水市六枝特区人民法院经审理认为：被告人张某违反交通运输管理法规，因而发生致一人死亡、一人重伤一级的交通事故且负事故全部责任的行为构成交通肇事罪。公诉机关指控被告人张某犯交通肇事罪的事实清楚，证据确实、充分，指控罪名成立。被告人张某交通运输肇事后逃逸，依法应处三年以上七年以下有期徒刑。被告人张某支付给被害人刘某某的父亲刘某丧葬费 2 万元并与被害人刘某某的父母及被害人周某达成赔偿协议，可对张某酌情从轻处罚；被告人张某如实供述自己的罪行，认罪认罚，可以依法从轻处罚、从宽处理。公诉机关的量刑建议适当，予以采纳。据此，以交通肇事罪，判处被告人张某有期徒刑三年十个月。

张某提出上诉。贵州省六盘水市中级人民法院经审理认为：张某发生交通事故后逃逸的行为是认定其犯交通肇事罪的构成要件，原判认定张某的行为构成交通肇事罪，且系交通肇事后逃逸，显然是对张某逃逸行为的重复评价，属于适用法律错误。原审判决认定张某交通肇事的事实清楚，审判程序合法，但法律适用错误，依法予以改判。据此判决如下：

一、撤销贵州省六盘水市六枝特区人民法院（2021）黔 0203 刑初 166 号刑事判决；

二、上诉人（原审被告人）张某犯交通肇事罪，判处有期徒刑二年十个月。

【法官后语】

本案的争议焦点在于张某是否构成交通肇事逃逸，从而判处三年以上七年以下有期徒刑。《中华人民共和国刑法》第一百三十三条规定了交通肇事逃逸的行为较普通交通肇事的行为要加重处罚，而张某发生交通事故后逃逸的行为是认定其犯交通肇事罪的入罪情节，如再以逃逸作为加重处罚的情节，显然是对逃逸行为的重复评价。

在实践中，通常将禁止重复评价理解为定罪与量刑的重复评价，但定罪与量刑不仅存在交叉还是相对独立的，即禁止重复评价原则不仅体现在定罪与量刑上的禁止重复评价，还体现在量刑上的禁止重复评价、定罪上的禁止重复评价，特别是定罪时的重复评价，因不常发生而容易被忽略。定罪上的禁止重复评价是指不能重复评价定罪过程中的某一事实情节，包括罪与非罪、此罪与彼罪、罪重与罪轻的判断。当然，罪重与罪轻是建立在罪与非罪的基础上，即先入罪才有罪重罪轻的考虑，故将已评价为入罪事实情节后再评价为罪重罪轻事实情节的，就是定罪上的重复评价，应当予以禁止。

关于交通肇事罪的定罪量刑，《刑法》第一百三十三条的条文规定了交通肇事罪的三个定罪处罚的档次，“违反交通运输管理法规，因而发生重大事故，致人重伤、死亡或者使公私财产遭受重大损失的，处三年以下有期徒刑或者拘役”为第一档即罪与非罪的入罪档次，而“交通运输肇事后逃逸或者有其他特别恶劣情节的，处三年以上七年以下有期徒刑”“因逃逸致人死亡的，处七年以上有期徒刑”则为第二档、第三档即罪重与罪轻的罪重档次。同时，《最高人民法院关于审理交通肇事刑事案件具体应用法律若干问题的解释》（以下简称《解释》）第二条第一款的规定，交通肇事致一人死亡的，需同时具备负事故全部责任或者主要责任，行为人才构成交通肇事罪。而事故责任主要依靠交管部门来认定，《道路交通安全法实施条例》第九十二条第一款规定：“发生交通事故后当事人逃逸的，逃逸的当事人承担全部责任。但是，有证据证明对方当事人也有过错的，可以减轻责任。”可见，“逃逸”可作为事故责任认定的因素，即作为入罪档次的定罪事实情节。当然，在排除“肇事后逃逸”情节后，行为人仍然构成交通肇事罪的（行为人还具有《解释》第二条第二款第一项至第五项情形之一的），“逃逸”应作为罪重事实情节，在“三年以上七年以下有期徒刑”法定刑幅度内量刑。

本案中，《道路交通事故认定书》证实导致交通事故的过错及责任或者意外原因有：(1) 张某驾驶未投保险和安全机件不符合国家标准（转向不符合规定、照明不符合规定、车身反光标识不符合规定、车身后下部防护装置不符合规定）的机动车在未确保车后安全的情况下倒车，肇事后驾车逃逸；(2) 刘某某持“B2”类驾驶证（“B2”类驾驶证可以驾驶的车型为重型、中型载货汽车或大、重、中型专项作业车）醉酒后未戴安全头盔驾驶未投保险机动车；(3) 乘车人周某无过错原因；根据《道路交通安全法实施条例》第九十二条和《道路交通事故处理程序规定》第六十一条第一款的规定，认定张某承担本次事故的全部责任，刘某某、周某无责任。由此可见，某区公安局交通警察大队根据张某发生交通事故后逃逸的行为，而认定张某承担本次事故的全部责任，再结合交通事故致刘某某死亡、周某重伤一级，张某的行为才符合《解释》第二条第一款的规定构成交通肇事罪。如果张某在交通事故后没有逃逸的话，从《道路交通事故认定书》可以看出张某、刘某某均存在可能相当的过错，则张某可能不负全部或主要责任，那么张某可能就不构成交通肇事罪。可见，张某发生交通事故后逃逸的行为是认定其犯交通肇事罪的构成要件，即逃逸已作为入罪档次的事实情节，如再以交通肇事后逃逸作为罪重档次的事实情节，显然是对张某逃逸行为的重复评价，与罪责刑相适应原则是不符的。综上，张某的逃逸行为已经作为交通肇事罪的罪与非罪的入罪情节在入罪时被评价过一次，如再次作为罪重与罪轻的罪重事实情节评价，显然系重复评价，明显对被告人不公平，应当予以禁止。

综上，二审法院认定张某不构成交通肇事逃逸的罪重档次，而仅系交通肇事罪的入罪档次是正确的。

编写人：贵州省六盘水市中级人民法院　肖祥云

19

刑事合规作为酌定情节在涉企类刑事裁判中的具体适用

——王某某泄露内幕信息、金某内幕交易案

【案件基本信息】

1. 裁判书字号

北京市第二中级人民法院（2021）京 02 刑初 154 号刑事判决书

2. 案由：泄露内幕信息罪、内幕交易罪

【基本案情】

电子科技公司与科技公司达成收购意向并签署协议，由科技公司收购电子科技公司下属全资子公司。协议签订后，科技公司宣布筹划资产重组并发布股票停牌公告，因科技公司与电子科技公司后续未就收购核心条款达成一致，科技公司公告终止筹划重大资产重组，科技公司股票开市复牌。经中国证券监督管理委员会认定，科技公司收购事项在公开前属于内幕信息。

被告人王某某为电子科技公司高管，参与科技公司收购事项洽谈并参与重组事项，系内幕信息的知情人员。在内幕信息公开前，被告人王某某将科技公司收购、重组事项向被告人金某泄露（同案处理），被告人金某遂于股票停牌前买入科技公司股票 8.37 万股，成交金额 411 万余元，在股票复牌后，被告人金某又将全部股票售出，成交金额 359 万余元。

中国证券监督管理委员会对王某某泄露内幕信息、金某内幕交易行为作出行政处罚决定，对二人分别罚款 10 万元、20 万元。王某某、金某缴纳罚款后，

向公安机关主动投案并如实供述泄露内幕信息、内幕交易的犯罪事实。

另查，电子科技公司申请在公诉机关监督下进行合规整改，并将关联公司纳入合规整改范围，采取建立资本运作信息保密专项制度等整改措施，经第三方监督评估组织进行合规考察，评定合规等级为良好；王某某、金某居住地司法局经过调查评估，认为二人对所居住社区没有明显不良影响，愿意接收二人进行社区矫正；王某某、金某承担较重家庭责任。

【案件焦点】

涉企类犯罪中，刑事合规可否作为酌定量刑情节加以适用。

【法院裁判要旨】

北京市第二中级人民法院经审理认为：被告人王某某作为证券交易内幕信息的知情人员，在对证券交易价格有重大影响的信息尚未公开前，向被告人金某泄露该信息，金某利用非法获取的内幕信息买入该证券，王某某、金某的行为分别构成泄露内幕信息罪、内幕交易罪，且均系情节特别严重，依法均应予惩处。关于辩护人所提王某某、金某未从犯罪中获利，建议对二人从宽处罚的辩护意见。经查，金融安全系国家安全的重要组成部分，为进一步防范和化解金融风险，国家强化金融监管，加大对证券犯罪的惩处力度。泄露内幕信息、内幕交易虽与非法获利目的相关，但危害性更在于对证券市场公平交易秩序和国家金融管理秩序的破坏。内幕交易成交额大小与对公平交易秩序、金融管理秩序破坏程度高低密切相关，相关司法解释将成交额作为衡量泄露内幕信息、内幕交易情节严重、情节特别严重的标准。王某某长期从事资本运营，明知内幕信息对证券交易价格具有重大影响，故意向金某泄露内幕信息，金某利用从王某某处非法获取的内幕信息进行证券交易，成交额高达411万余元，超过司法解释规定的“证券交易成交额在二百五十万元以上”，构成情节特别严重的数额标准，不能仅因二人未实际获利，就认为相关行为的危害结果不大，进而对二人从宽处罚。

关于辩护人所提王某某、金某具有其他法定、酌定从宽处罚情节的辩护意见。经查，（1）王某某、金某主动投案后如实供述犯罪事实，具有自首情节；签订认罪认罚具结书，自愿适用认罪认罚从宽制度，对上述法定从宽情节均予以确认。（2）电子科技公司因存在资本运作信息保密专项制度缺失等合规问题，致使在与科技公司进行重大资产重组过程中发生公司高管泄露内幕信息事件。公诉机关在案件审查过程中同步开展涉案企业合规整改监督工作，当庭出示合规考察报告，反映电子科技公司主动申请并配合进行合规整改，完善合规制度，将合规工作嵌入业务流程，取得良好效果，王某某参与本次合规整改。以上积极事项虽并非定罪量刑的基础事实，但客观上有利于促进企业合法守规经营，优化营商环境，实现办案法律效果与社会效果的统一，可在量刑时酌情考虑。

关于辩护人所提建议对王某某、金某宣告缓刑的辩护意见。经查，根据王某某、金某具有的上述量刑情节，可对二人均予以减轻处罚，二人属于可以宣告缓刑的对象；王某某、金某此前无前科劣迹，犯罪后认罪悔罪，人身危险性较小；司法行政机关通过调查评估，认为二人对所居住社区没有明显不良影响，愿意对二人进行社区矫正；对二人适用缓刑，既能贯彻宽严相济刑事政策，实现惩教并重刑罚目的，亦可以促进矫正对象顺利融入社会，兼顾敬老扶幼等家庭和社会责任的履行。据此，王某某、金某符合缓刑法定条件，对二人依法宣告缓刑。

北京市第二中级人民法院依照《中华人民共和国刑法》第一百八十条第一款及第三款、第六十七条第一款、第五十二条、第七十二条第一款及第三款、第七十三条第二款及第三款、第六十一条，《中华人民共和国行政处罚法》第三十五条第二款，《中华人民共和国刑事诉讼法》第十五条，《最高人民法院、最高人民检察院关于办理内幕交易、泄露内幕信息刑事案件具体应用法律若干问题的解释》第五条、第七条第一项，《最高人民法院关于处理自首和立功具体应用法律若干问题的解释》第一条之规定，作出如下判决：

一、被告人王某某犯泄露内幕信息罪，判处有期徒刑二年，缓刑二年，并处罚金人民币10万元；

二、被告人金某犯内幕交易罪，判处有期徒刑二年，缓刑二年，并处罚金人民币20万元。

一审判决后，被告未提起上诉，检察机关未提起抗诉，该判决已发生法律效力。

【法官后语】

本案系企业高管犯罪，折射出高管所在企业内部管理模式、运营机制、营商文化存在犯罪风险、合规漏洞，如何在对企业高管予以惩治的同时，有效消除企业犯罪隐患及风险，调整企业发展模式、商业运作机制从而有效适应外部营商大环境，是司法机关面临的难题。本案是北京法院深度参与刑事合规的典型案例，充分发挥了合规计划在刑事裁判中的效用，对于类案审理具有较好的示范效用和引导功能。

1. 刑事合规作为涉企类犯罪酌定量刑情节的法理依据

基于我国企业发展初期粗放式管理的特定背景，实践中涉企类犯罪数量逐年增长，企业高管与企业正常管理、合法运营密切相关，若高管能够积极参与企业合规整改、消除犯罪隐患、主动认罪认罚，不但可有效发挥《中华人民共和国刑法》的惩治功效，还可为企业合法、合规、有序、健康发展保驾护航。治理涉企类犯罪，传统刑事司法注重法的惩治功能，强调事后的“堵”，忽视法的预防功能，欠缺事前的“疏”，企业因合规漏洞而生发的犯罪源头并未得以纾解，纯粹刑罚手段治理涉企类犯罪成效不佳。

刑事合规兼具惩罚犯罪与预防犯罪双重作用，在治理涉企犯罪方面具有“既治罪，又救企”的制度优势，体现宽严相济的刑事司法政策。具而言之：一方面，刑事合规具有严厉制裁性。刑事合规让刑罚有所隐退，但合规整改本身能发挥超越刑罚制裁功效。第一，合规整改要求企业投入人力物力，深度挖掘、梳理企业在经营管理、商业模式等方面的刑事法律风险点；第二，企业需在司法机关规定的整改期间内补救挽损，如承担行政责任、履行赔偿义务；第三，企业需制订针对性整改方案堵塞内部合规漏洞；第四，企业需持续接受公诉机关或第三方评估机构考察，如定期提交合规整改流程表、汇报合规整改进度、考察期满配合合规验收等。另一方面，刑事合规对涉企类犯罪具有源头治理作用。刑事合规具有刑事宽宥的激励性，企业合规整改计划若经考察过关，可作为公安机关撤销案件、公诉机关不起诉及法院量刑从宽的重要参考因素。由于刑事出罪或量刑从宽的激励，涉罪企业具有“断尾求生”、主动申请开展合规整改的强烈意愿。同时，由于刑事宽宥需以有效合规为前提，企业亦将采取“对症”举措，打造针对性合规体系，进而在企业内部形成完善的刑事合规制度，可增强企业抵御刑事法律风险的免疫力，实现源头消除犯罪基因，真正让企业健康、持久发展，并可有效减少企业高管犯罪风险，从而促进人与企业的良性互动（人促进企业的发展，企业促进人的提升）。

2. 刑事合规作为酌定量刑情节在本案中的具体适用

有效合规是刑事合规作为酌定量刑情节的前提，有效合规既需要企业合规整改的主动意愿，又需要规范的合规考察程序，还需要行之有效的合规计划。

首先，企业要有合规整改的主动意愿。涉罪企业要认罪悔罪、补救挽损、赔偿损失，针对摸排的犯罪原因，通过提交合规考察申请书、企业停止违法犯罪行为证据材料以及合规整改流程计划书等方式，主动向公安或公诉机关申请合规考察。

其次，要有规范的合规考察程序。第一，公安或公诉机关应设定合理的合规整改期，确保合规整改时效性。第二，合规考察主体需纳入第三方评估机构，保障合规考察的中立、客观与专业。第三，合规考察要贯穿始终，包括程序启动时是否具备合规整改条件、合规整改期满时是否达到有效合规条件等。

最后，合规计划要行之有效。有效合规计划的第一个层次是针对性，即对已然犯罪的合规漏洞进行整改，专项补救。第二个层次是系统性，即针对同类及关联犯罪制定刑事合规体系，如中小微企业针对某一领域构建简式合规体系，大型企业针对多层架构打造包括合规团队、合规计划、合规监督、合规风险评估、合规文化等要素在内的专项合规体系。

具体到本案中，因电子科技公司在合规方面，存在资本运作信息保密专项制度缺失、内幕信息知情人员监管不严等问题，导致科技公司在资产重组过程中发生内幕信息泄露，电子科技公司高管王某某触犯泄露内幕信息罪暴露出电子科技公司管理模式存在合规漏洞的犯罪“基因”。

为防范同类犯罪再次发生，电子科技公司主动向公诉机关申请开展合规整改，体现电子科技公司积极整改、堵塞合规漏洞的意愿。为确保合规顺畅开展，公诉机关在启动涉案企业合规整改监督程序时，采取商请北京市律师协会指定的第三方监督评估组织进行合规考察的方式，体现合规考察的中立、客观与专业。经对王某某犯罪原因排查、梳理、归纳、总结，电子科技公司将关联公司纳入合规整改范围，对资本运作信息保密专项制度等进行系统整改，建立专项合规制度，体现合规整改的针对性、有效性。第三方监督评估组织在合规考察期满后，对电子科技公司整改情况进行了考察、验收，最终电子科技公司合规评定为良好，彰显了合规整改的有效性。王某某作为电子科技公司的高管和直接涉案人员参与了电子科技公司的合规整改，体现王某某认罪悔罪的意愿。法院在裁判过程中，对企业合规整改报告及被告人积极参与刑事合规并认罪认罚的量刑情节予以充分考量，刑事合规虽并非法定从宽量刑情节，但客观上利于企业合规经营，并可优化营商环境，能实现法律效果和社会效果相统一，故法院认定合规整改可作为对王某某量刑从轻的考量因素，最终对王某某宣告缓刑是恰当的。

编写人：北京市东城区人民法院　石魏

北京市第二中级人民法院　程欢欢

20

谅解书与量刑之间关系的正确理解

——张某某故意伤害案

【案件基本信息】

1. 裁判书字号

山东省淄博市淄川区人民法院（2021）鲁0302刑初295号刑事判决书

2. 案由：故意伤害罪

【基本案情】

2020年12月13日14时许，被告人张某某因琐事与司某某发生争执，司某某被张某某打倒致左膝盖受伤。经鉴定，司某某的伤情构成轻伤二级，左膝关节功能丧失9.8%，未构成致残程度分级。

在本案审理阶段，被告人张某某主动交纳60000元赔偿金，作为故意伤害司某某，给司某某造成的医疗费、护理费、住院伙食补助费、误工费、交通费、今后治疗费等损失的赔偿。

【案件焦点】

谅解书与量刑的关系；未出具谅解书，能否从轻处罚或适用缓刑。

【法院裁判要旨】

山东省淄博市淄川区人民法院经审理认为：本案的争议焦点在于被害人司某某膝盖受伤是否和被告人张某某的殴打行为有因果关系。根据被害人司某某的陈述、被告人张某某的供述以及司某1、司某2、彭某某等人的证言均证实司某某被张某某打倒在地，根据司某3等人证言可知，事后司某某并未再次与他人打斗，司某4、司某5的证言均证实，被害人司某某并未出现二次损伤和类似摔倒的情况，是在当晚察觉到腿疼后第二天经医生诊断左膝关节损伤。上述证据客观真实，相互印证，足以采信。对被告人张某某故意伤害司某某，致司某某轻伤二级的事实，予以认定。被告人张某某故意伤害他人身体，致一人轻伤，其行为已构成故意伤害罪。本案是一起家庭亲戚成员因琐事引起的纠纷，导致被害人司某某构成轻伤二级，在本案审理过程中，被告人张某某主动认罪认罚，向被害人表示道歉，并将60000元赔偿款交至法院，具有悔罪表现，根据本案的法定、酌定从轻情节，对被告人张某某可从轻处罚，并可适用缓刑。依照《中华人民共和国刑法》第二百三十四条第一款、第六十七条第一款、第七十二条第一款、第七十三条第二款及第三款、第六十一条之规定，判决如下：

被告人张某某犯故意伤害罪，判处有期徒刑一年，缓刑一年。

一审判决后，被告未提起上诉，检察机关未提起抗诉，该判决已发生法律效力。

【法官后语】

本案主要涉及对谅解书与量刑的关系的正确理解问题，此问题也是涉及当前认罪认罚能否予以正确认定的重要问题。审判实践对此出现了两种观点，第一种观点认为，被告人必须通过足额赔偿即按被害人主张的数额予以赔偿，取得被害人谅解，才能认定为“认罚”，才能从轻处罚，否则未取得谅解，不能认定为“认罚”；第二种观点则认为，被告人自愿认罪并积极赔偿损失的，即便未能取得谅解书，也可适用认罪认罚制度，对被告人从轻处罚或适用缓刑。

应当说上述第二种观点是正确的。这是因为，民事赔偿不是法定情节，而是量刑时酌定考虑的情节，对被告人量刑一般依据《中华人民共和国刑法》第六十一条的规定，根据犯罪的事实、犯罪的性质、情节和对于社会的危害程度，决定量刑。对于因婚姻家庭等民间纠纷引起的故意犯罪或过失犯罪，被告人真诚认罪悔罪，对因犯罪造成的被害人损失能够积极赔偿，取得被害人的谅解，法官依据法定情节、酌定情节，一般对被告人从轻处罚或适用缓刑。但有个别被害人罔顾自己的实际损失，在要求赔偿时漫天要价，得不到满足就拒绝出具谅解书，想以此获得更多的法外利益。有的法官担心被害方缠诉或上访，因此不认定被告人“认罚”，具有从宽处罚的情节。这明显是一种过于机械化的观点。

审判实践中，承办法官应把握好案件类型、民事赔偿、从轻处罚的关联性。应正确处理赔偿和解与从宽处罚的关系。赔偿损失，达成和解是量刑的重要因素，特别是民间矛盾激化引发的案件，量刑时一般要予以充分考虑。现实中，不能将赔偿与量刑等同起来。特别是严重侵害他人权益的案件，不能说赔偿了就一律从宽处罚；也不能因为未取得谅解，特别是被害方漫天要价未能达成和解的，就排除适用认罪认罚从宽制度。对于因民间纠纷引起的侵犯人身权利、财产损失的案件类型。如果被告人积极认罪悔罪，积极赔偿损失，表明其有一定的悔罪表现，人身危险性降低，且其赔偿可以降低被害方的损失，即便没有取得谅解，也可结合《中华人民共和国刑法》第六十一条的规定，对被告人从轻处罚或适用缓刑。但对于犯罪危害性大、情节严重或主观恶性较深、人身危害性大的案件，即便赔偿并取得了谅解，也不能适用缓刑。

需要注意的是，在审判实践中，被害方是犯罪行为的直接受害者，其诉讼主体地位应当受到尊重，其意见也应当被聆听。但不能以巨额赔偿来绑架法律，左右法官，更不能决定量刑结果，不能达到其要求就出具谅解书，达不到就不出具谅解书，且要求重判被告人。甚至个别被害方会因此骚扰承办法官，无理缠诉和信访。对于这种情况，为了兼顾双方，同时《关于适用认罪认罚从宽制度的指导意见》第十八条也明确了被害人及其诉讼代理人不同意对认罪认罚的犯罪嫌疑人、被告人从宽处理的，不影响认罪认罚从宽制度的适用。实践中，对于被告人自愿认罪认罚并积极赔偿的，根据《中华人民共和国刑事诉讼法》的规定，对于能够和解的刑事案件，人民法院一般要求被告人在法律规定赔偿的数额之上但不宜过高的限额内，将赔偿款及补偿款交至人民法院，并告知被害方此款已交至人民法院，并通知其来领取，并对被告人采取从轻处罚或适用缓刑。判决后，被害方都能欣然接受，并服判息诉，使案件双方达成双赢。

编写人：山东省淄博市淄川区人民法院　赵成刚　姚丽

21

诬告陷害案中“情节严重”的认定

——宋某、张某诬告陷害案

【案件基本信息】

1. 裁判书字号

北京市第三中级人民法院（2022）京03刑终109号刑事裁定书

2. 案由：诬告陷害罪

【基本案情】

被告人张某与被害人李某某（男，25岁）在网络上相识。2021年3月13日22时许，被告人张某邀李某某至其居住地北京市朝阳区来某小区××号楼××号，李某某到达此处后不久宋某亦到此处，后宋某先殴打李某某，李某某还手，双方互殴。其间，张某见状亦持酒瓶、烟灰缸等物品殴打李某某，致李某某受轻微伤。宋某、张某亦受伤。后张某及宋某分别报警称李某某强奸张某，民警到现场后将三人均查获。2021年3月14日，公安机关以李某某强制猥亵立案，当日1时许，公安机关对李某某执行拘传，至2021年3月15日1时许，李某某被解除拘传。2021年3月15日，宋某、张某因诬告陷害李某某并将李某某致伤分别被处以行政拘留二十日，罚款人民币500元的行政处罚。2021年4月1日，张某伙同宋某诬告陷害案立案。

【案件焦点】

被告人宋某与张某的诬告陷害行为是否属于刑法意义上的“情节严重”。

【法院裁判要旨】

北京市朝阳区人民法院经审理认为：被告人宋某、张某在与李某某冲突过程中分别报警称张某被李某某强奸，系共同犯罪，二人意图使李某某受到刑事追究的目的明确而清晰，而由于二人的诬告陷害行为，最终李某某被公安机关刑事立案，并采取刑事强制措施，二被告人的行为应当认定为情节严重。至于被害人李某某实际被羁押时间不长，约24小时，在对被告人进行量刑时酌情考虑。

北京市朝阳区人民法院根据《中华人民共和国刑法》第二百四十三条第一款、第二十五条第一款、第六十七条第一款、第六十一条之规定，作出如下判决：

一、宋某某犯诬告陷害罪，判处有期徒刑十一个月；

二、张某犯诬告陷害罪，判处有期徒刑十个月。

宣判后，宋某上诉，认为其没有诬告陷害的故意，没有意图使他人受刑事追究的目的，其行为不属于刑法规定的“情节严重”，其行为应界定为错告或检举失实，其不构成犯罪。北京市朝阳区人民法院罪名认定错误，被告人宋某无罪。北京市人民检察院第三分院经审查认为一审程序、实体均无不当，建议驳回上诉，维持原判。

北京市第三中级人民法院经审理认为：一审法院作出的判决，事实清楚，证据确实、充分，定罪及适用法律正确，量刑适当，审判程序合法，北京市人民检察院第三分院的审查意见适当，应予采纳。据此，本院依照《中华人民共和国刑事诉讼法》第二百三十六条第一款第一项之规定，作出如下裁定：

驳回上诉，维持原判。

【法官后语】

本案的核心问题在于对诬告陷害罪中“情节严重”的认定。对此，有两种意见：第一种意见认为，本案适用行政处罚即可。理由是：（1）根据《中华人民共和国治安管理处罚法》第四十二条,[①] 捏造事实诬告陷害他人，企图使他人受到刑事追究的，“情节较重的”，可以适用行政处罚。(2) 被害人实际被羁押不足24小时即被释放。第二种意见认为，本案已经构成刑事犯罪：(1) 被告人捏造了被害人强奸的事实，且拨打电话报警，意图使他人受刑事追究的目的不言而喻，从刑法规定看,[②] 即使被害人没有被实际追究刑事责任，只要行为人实施了法条规定的行为即有可能构成本罪，而本案被害人因诬告陷害行为已经被立案且被采取强制措施，举轻以明重，本案被告人的行为应认定为“情节严重”。(2) “情节严重”与否，要从被害人权利是否被实质性侵害来考察。本案中，无论收押时间长短，是否佩戴戒具，被害人的人身都是处于被警察控制的状态，其人身自由和名誉均已经受到了侵害。

本案的处理遵循第二种意见。首先需要指出的是，自1997年《中华人民共和国刑法》修订以来,《中华人民共和国刑法》历次修正案均未涉及诬告陷害罪，公安机关也从未对本罪的立案标准作出过规定，最高人民法院和最高人民检察院也从未对何谓“情节严重”作出过任何司法解释，这也是实践中容易对何谓“情节严重”发生分歧的主要原因。另外，根据全国人大常委会法工委的解读，本罪的“情节严重”，指“捏造的犯罪事实情节严重、诬陷手段恶劣、严重影响了司法机关的正常工作、社会影响恶劣等”[③]。其中对于何谓“情节严重”，也使用了“严重”“恶劣”等程度词汇，在实践中也不具有可操作性。

---

① 《中华人民共和国治安管理处罚法》第四十二条规定：“有下列行为之一的，处五日以下拘留或者五百元以下罚款；情节较重的，处五日以上十日以下拘留，可以并处五百元以下罚款：(一) 写恐吓信或者以其他方法威胁他人人身安全的；(二) 公然侮辱他人或者捏造事实诽谤他人的；(三) 捏造事实诬告陷害他人，企图使他人受到刑事追究或者受到治安管理处罚的；(四) 对证人及其近亲属进行威胁、侮辱、殴打或者打击报复的；(五) 多次发送淫秽、侮辱、恐吓或者其他信息，干扰他人正常生活的；(六) 偷窥、偷拍、窃听、散布他人隐私的。”

② 《中华人民共和国刑法》第二百四十三条第一款规定：“捏造事实诬告陷害他人，意图使他人受刑事追究，情节严重的，处三年以下有期徒刑、拘役或者管制；造成严重后果的，处三年以上十年以下有期徒刑。”

③ 王爱立主编:《中华人民共和国刑法解读》(第五版)，中国法制出版社2018年版，第567页。

立法机关之所以如此规定，概因从理论上讲，诬告陷害罪中行为人捏造的事实是以《中华人民共和国刑法》所规定的所有犯罪事实为基础的，立法者不可能在某一法律条文中对所有犯罪事实作出“情节严重”与否的规定，而只能留给实践中司法人员根据案件的实际情况自己把握。①

对于本罪中“情节严重”的理解应该从该罪所保护法益的视角进行审查。本罪规定在侵犯公民人身权利、民主权利章节中，其所保护的法益是公民人身权利、民主权利，且本罪属于危险犯，本罪的构成并不以被诬告人实际受到刑事追究为必要条件，故“情节严重”可以从被诬告人的权利是否受到实际侵害进行判断，如果受到了实际侵害，则当然属于“情节严重”，应当进行刑法评价。但如果没有受到实际侵害，则不必然不属于“情节严重”。此种情况下，如果被诬告人被刑事立案，则意味着其已经被刑事追究，后续公安机关可以采取措施进行侦查，侦查过程中必然会影响到被诬告人的人身权利、民主权利，因此可以认定为属于“情节严重”。如果被诬告人没有被刑事立案，此时要根据被诬告人实际受到的影响进行判断，来区分对行为人进行行政处罚还是刑事处罚，即只有在被诬告人的人身权利、民主权利没有受到实际侵害时，才有行政处罚的空间。如果影响的是人身权利、民主权利以外的权利，如受教育权、劳动权等，则有可能受到行政处罚，如果影响的程度足够深，则有可能构成刑事犯罪。例如，A捏造B强奸的事实，向公安机关告发，最终经查为诬告，B没有被立案侦查，但B因此被学校开除，且大病一场，则A的行为不构成犯罪，对其采取行政处罚即可。如果B因此自杀，则A构成犯罪，需要采取刑事处罚。

具体到本案，被害人李某某被公安机关以强制猥亵立案并被拘传，且被关押近24小时，其人身自由受到侵害，其名誉也受到了否定性评价，尤其是在社

---

① 1979年《中华人民共和国刑法》第一百三十八条第一款规定，严禁用任何方法、手段诬告陷害干部、群众。凡捏造事实诬告陷害他人（包括犯人）的，参照所诬陷的罪行的性质、情节、后果和量刑标准给予刑事处分。国家工作人员犯诬陷罪的，从重处罚。1979年《中华人民共和国刑法》法条关于本罪的规定没有具体罪状，且带有明显的“诬告反坐”色彩，也有违罪刑法定原则，故1997年《中华人民共和国刑法》对本条进行了修改。

会一般评价中，其所遭受的名誉上的损害甚至超过其人身自由的侵害。此时，被告人宋某、张某的行为当然属于“情节严重”，应该受到刑法处罚。

编写人：北京市朝阳区人民法院　孙高鹏

22

袭警罪中加重处罚情节的理解与适用

——张某某袭警案

【案件基本信息】

1. 裁判书字号

北京市第三中级人民法院（2022）京03刑终271号刑事裁定书

2. 案由：袭警罪

【基本案情】

被告人张某某于2021年8月至9月在某街等地，驾驶无号牌二轮踏板摩托车以砸车等方式盗取他人车内财物，后公安机关通过技术手段对张某某驾驶的摩托车进行追踪。2021年9月19日3时许，民警刘某、卜某在某1路与某2路交叉口处对张某某实施抓捕的过程中，张某某驾驶摩托车对民警进行撞击、拖曳等行为以抗拒抓捕，造成民警刘某双上肢及双下肢多处皮肤擦伤、软组织挫伤，卜某双下肢及左手多处皮肤擦伤。经鉴定，二人所受损伤程度属轻微伤。被告人张某某被公安机关当场抓获归案，现场从其身上起获其金色破窗工具1个、黑色手电1个、白色线织手套3只、踏板摩托车1辆，现均扣押在案。经鉴定，被告人张某某驾驶的无号牌二轮踏板摩托车属于机动车。

【案件焦点】

袭警罪中加重处罚情节是指使用枪支、管制刀具，或者以驾驶机动车撞击等手段暴力袭击正在依法执行职务的人民警察，严重危及其人身安全的情形，那么对于袭警罪的加重处罚情节中的“等”字应当如何理解适用。

【法院裁判要旨】

北京市朝阳区人民法院经审理认为：被告人张某某以驾驶机动车撞击、拖拽等手段袭击正在依法执行职务的人民警察，严重危及民警人身安全，其行为已构成袭警罪，依法应予惩处。北京市朝阳区人民检察院指控被告人张某某犯袭警罪的主要犯罪事实清楚，证据确实充分，指控罪名成立。被告人张某某关于其不构成犯罪的辩解及辩护人相关辩护意见，经查，在案证人刘某、卜某的证言与司法鉴定意见书能够相互印证，足以证明被告人张某某在公安机关民警依法执行职务并向其表明民警身份后仍驾驶摩托车冲撞、拖拽民警，其行为严重危及民警人身安全，并造成两名民警轻微伤的后果，完全符合袭警罪的构成要件，被告人张某某虽否认其有袭警的主观故意，但其在公安机关的供述与当庭供述之间存在多处相互矛盾之处，供述的可信度较低，故对被告人张某某的上述辩解，不予采纳。

公诉机关关于指控被告人张某某以砸车等方式盗取他人车内财物这一情节，经查，现有监控录像、工作记录等证据证明一名男子于2021年8月10日凌晨骑乘摩托车在北京市朝阳区大郊亭北街附近活动并使用手电筒向停在路边的多辆车内进行探照；当日凌晨4时许，该男子从停在某街附近路边的一辆SUV汽车内窃取财物后骑摩托车迅速驶离；2021年9月17日凌晨，该男子骑乘的摩托车行经某3路和某4路交叉口附近。民警通过视频追踪后发现嫌疑人盗窃时所骑乘的摩托车，后通过技术手段对该摩托车进行定位并将被告人张某某抓获，且被告人张某某当庭供称该摩托车购买后就一直在其处放着，由此，可以认定被告人张某某于2021年8月10日凌晨实施过盗窃行为，但由于现有证据不足以证明本案中四辆车的车内物品被盗及车窗玻璃被砸与被告人张某某存在直接因果关系，故对于公诉机关指控的这一情节，应不予认定。

被告人张某某曾因故意犯罪被判处有期徒刑，五年内再犯应判处有期徒刑以上刑罚之罪，系累犯，依法应从重处罚。扣押在案之物品，均系犯罪工具，依法应予以没收。北京市朝阳区人民法院根据《中华人民共和国刑法》第二百七十七条第五款、第六十五条第一款、第六十一条、第六十四条之规定，判决如下：

一、被告人张某某犯袭警罪，判处有期徒刑三年六个月；

二、扣押在案之破窗工具一个，黑色手电一个，白色手套三只及无号牌灰色踏板摩托车一辆，予以没收。

张某某认为其不构成犯罪提起上诉。北京市第三中级人民法院经审理认为：上诉人张某某以驾驶机动车拖拽等手段袭击正在依法执行职务的人民警察，严重危及民警人身安全，其行为已构成袭警罪，依法应予惩处。鉴于上诉人张某某系累犯，依法应从重处罚。原判系根据张某某犯罪的事实、犯罪的性质、情节及对于社会的危害程度所作出的判决，事实清楚，证据确实、充分，定罪及适用法律正确，量刑适当，审判程序合法，在案物品处理亦无不当，应予维持。

北京市第三中级人民法院依照《中华人民共和国刑事诉讼法》第二百三十六条第一款第一项之规定，裁定如下：

驳回上诉，维持原判。

【法官后语】

本案中涉及如何适用袭警罪的加重处罚情节。《中华人民共和国刑法》第二百七十七条第五款规定的袭警罪的加重处罚情节是指使用枪支、管制刀具，或者以驾驶机动车撞击等手段暴力袭击正在依法执行职务的人民警察，严重危及其人身安全的情形。符合袭警罪的加重处罚情节，应判处三年以上七年以下有期徒刑。由此可见，袭警罪的加重处罚情节需同时符合以下两个条件：一是采用特殊手段暴力袭警；二是严重危及人民警察的人身安全。换言之，如果仅符合其中某一个条件，还不足以构成袭警罪的加重处罚情节。

这里有两个问题需要予以说明：一是第一个条件中的暴力是否包括以暴力相威胁。如以持枪或者持管制刀具的方式威胁民警以抗拒抓捕，在这种情况下，虽然行为人尚未付诸实施暴力，但这种行为实际上已经严重危及人民警察的人身安全，因此，有的观点认为，对于行为人的这种行为应适用袭警罪的加重处罚情节。但在《中华人民共和国刑法》第二百七十七条第一款规定的妨害公务罪中，又明确将暴力及威胁方法共同作为妨害公务罪的犯罪手段。因此，袭警罪加重处罚情节中不能包括以暴力相威胁的情形。二是关于袭警罪加重处罚情节中的特殊暴力手段，刑法条文中列举了常见的三种，并使用了“等”字，对于“等”字应如何理解。一种观点认为，“等”字说明袭警罪的加重处罚情节应当不限于刑法条文中的这三种情形，所有与这三种情形危害程度相当的手段均可纳入“等”字范畴。例如，使用削尖的木棍、打碎的啤酒瓶、榔头、镐把对人民警察进行攻击或者驾驶机动车对人民警察进行拖拽，同样会严重危及人民警察的人身安全。因此，采用上述手段袭警同样可以适用袭警罪的加重处罚情节。另一种观点认为，此处的“等”字并非列举未尽的意思，而只是一种无实际意义的助词，因为如果将“等”字作扩张解释，则每一个人对于危害程度的理解可能会存在显著不同，特别容易造成司法实践中法律适用的混乱。笔者倾向于第二种观点。首先，2020年发布的《最高人民法院、最高人民检察院、公安部关于依法惩治袭警违法犯罪行为的指导意见》（以下简称《意见》）明确规定了“使用凶器或者危险物品袭警”属于袭警罪的从重处罚情节而非加重处罚情节，而“凶器或者危险物品”包含的范围相对较广，由此可见，将“等”字作扩张解释与《意见》中的规定相矛盾；其次，袭警罪的加重处罚情节系2021年出台的《中华人民共和国刑法修正案（十一）》中新增的规定，《意见》的出台在《中华人民共和国刑法修正案（十一）》之前，不可能规定袭警罪的加重处罚情节，但由于新的刑法条文系加重对行为人的刑事处罚，因此，在相关规定未予明确之前，不宜轻易进行扩张解释；再次，刑法条文中将使用枪支、管制刀具、驾车冲撞这三种特殊暴力手段单独列举出来就是因为这三种手段相较于其他手段而言在司法实践中更为常见且更容易危及人民警察人身安全；最后，如果采用其他暴力手段造成严重后果，也可以通过法条竞合或者想象竞合理论予以解决。因此，在此处应当将“等”字作严格的限缩解释。

编写人：北京市朝阳区人民法院　宋磊

23

传统线下开设赌场情节严重的认定标准应当综合考虑行为客观方面各个要素，审慎认定情节严重，合理量刑

——魏某等开设赌场案

【案件基本信息】

1. 裁判书字号

四川省仁寿县人民法院（2022）川1421刑初399号刑事判决书

2. 案由：开设赌场罪

【基本案情】

2021年11月至2021年12月8日，被告人魏某、辜某、易某、杜某四人共谋用扑克牌“打牛牛”的方式邀约他人进行赌博，并按照魏某、辜某各占一股、杜某与易某合占一股从赌场内抽头渔利。魏某等先后租用某县某镇周边农户房屋开设赌场八次，赌场一般营业时间从晚上八九点至凌晨两三点，并为参赌人员提供赌具、烟水饮料等。

被告人彭某受魏某等雇用在赌场内发牌、抽头，帮助寻找赌博场地。被告人康某受彭某邀约、被告人梁某受魏某邀约在赌场外望风、接待赌客，每场获利300元至500元不等。

开设赌场期间，魏某、辜某、杜某、易某四人抽头渔利共4万余元，其中魏某、辜某各非法获利1万元、易某、杜某各非法获利5000余元，彭某非法获利3000余元，康某非法获利4500余元，梁某非法获利2000余元。

2022年12月13日至2022年12月23日，杜某、彭某、梁某先后投案自首。案发后，魏某等七人全部退缴赃款。

各被告人及其辩护人对指控的事实、罪名及量刑建议没有异议，且签字具结，在开庭审理过程中亦无异议。

【案件焦点】

本案发生在《中华人民共和国刑法修正案（十一）》适用之后，开设赌场罪提高了刑罚配置，相关法律适用意见未作修改，如何认定情节严重。

【法院裁判要旨】

四川省仁寿县人民法院经审理认为：被告人魏某、辜某、杜某、易某、彭某、康某、梁某以营利为目的，开设赌场，其行为已构成开设赌场罪。公诉机关的指控成立。被告人魏某、辜某、杜某、易某在共同犯罪中起主要作用，系主犯；被告人彭某、康某、梁某在共同犯罪中起次要作用，系从犯，应当从轻或减轻处罚；被告人魏某、辜某、易某、康某被动到案，如实供述自己的罪行，系坦白，可以从轻处罚。被告人杜某、彭某、梁某主动到案，如实供述自己的罪行，系自首，可以从轻或者减轻处罚；被告人彭某在有期徒刑执行完毕后，五年内再犯应当判处有期徒刑以上刑罚之罪，系累犯，应当从重处罚。

依照《中华人民共和国刑法》第三百零三条第二款、第二十五条、第二十六条、第二十七条、第六十四条、第六十五条、第六十七条第一款及第三款、第五十二条、第五十三条、第七十二条、第七十三条，《中华人民共和国刑事诉讼法》第十五条、第二百零一条第一款之规定，判决如下：

一、被告人魏某犯开设赌场罪，判处有期徒刑一年二个月，并处罚金人民币1万元；

二、被告人辜某犯开设赌场罪，判处有期徒刑一年二个月，并处罚金人民币1万元；

三、被告人易某犯开设赌场罪，判处有期徒刑一年，并处罚金人民币5000元；

四、被告人杜某犯开设赌场罪，判处有期徒刑一年，并处罚金人民币5000元；

五、被告人彭某犯开设赌场罪，判处有期徒刑十个月，并处罚金人民币3000元；

六、被告人康某犯开设赌场罪，判处有期徒刑九个月，缓刑一年，并处罚金人民币4500元；

七、被告人梁某犯开设赌场罪，判处有期徒刑八个月，缓刑一年，并处罚金人民币2000元。

一审判决后，被告人未提起上诉，检察机关未提起抗诉，该判决已发生法律效力。

【法官后语】

开设赌场罪是否构成情节严重，需要对行为危害性作出判断，不应固守赌资累计数额单一标准，应当综合考虑行为客观方面各个要素，审慎认定情节严重，合理量刑。

本案是否认定情节严重存在两种意见：第一种意见认为，参照《最高人民法院、最高人民检察院、公安部关于办理网络赌博犯罪案件适用法律若干问题的意见》《最高人民法院、最高人民检察院、公安部关于办理利用赌博机开设赌场案件适用法律若干问题的意见》中关于情节严重的认定标准，抽头渔利数额达到3万元以上的构成情节严重，本案各被告人违法所得共计4万余元，应当认定为情节严重，在五年以上十年以下量刑。

第二种意见认为，不应按照抽头渔利数额单一标准认定是否构成情节严重，若认定情节严重，对多名被告人判处五年以上刑罚，明显违背罪责刑相适应原则，本案公诉机关亦未指控情节严重，故不宜认定为情节严重。罪行法定原则要求定罪要有明确的法律规定，量刑也要有明确的法律规定。由于互联网和移动通信技术的迅速发展，网上开设赌场及赌博机类犯罪呈激增状态，此类开设赌场，一般都是由犯罪团伙、犯罪集团组织实施的，其组织结构严密，分工明确，资金规模大，流动性隐蔽性强，社会危害性更大。若简单参照上述意见，明显违背罪刑法定原则和大力打击网络赌博和赌博机的初衷。《中华人民共和国刑法修正案（十一）》将开设赌场罪情节严重最低刑由三年调整为五年，量刑幅度上调，但情节严重的认定标准暂未改变，继续沿用旧标准认定，将会导致案件判决结果与罪责刑相适用原则相违背，难以达到社会效果与法治效果的统一。

本案开设赌场属于传统的线下开设赌场，参赌人员多是熟人拉熟人，每次参赌人数为十人至二十人，规模较小，在不到一个月时间内组织八次即被公安机关查获，社会危害性较小，综合考虑本案开设赌场的经营时间、参赌人数、抽头渔利数额和社会影响，本案采纳第二种意见，未认定情节严重，在五年以下判处刑罚。

编写人：四川省仁寿县人民法院　王飞

24

对情节严重的从犯不能在法定刑两个档次以下减轻处罚

——廉某某等组织卖淫案

【案件基本信息】

1. 裁判书字号

湖南省湘西土家族苗族自治州中级人民法院（2022）湘 31 刑终 73 号刑事判决书

2. 案由：组织卖淫罪

【基本案情】

被告人陈某、赵某、王某、熊某、廖某（陈某的妻子）等人于 2011 年 5 月成立了“洗浴会所”，股东为陈某和赵某。周某（刑拘在逃）带了数名卖淫女到会所，并和赵某等商定了从单次卖淫项目中抽取提成。该会所的足浴部经营正规的足浴、按摩项目，洗浴部则经营“盐浴”“普标”“豪标”“双飞”

“上房”“包夜”等卖淫项目。卖淫人员与会所五五分成，每月需向会所缴纳管理费和卫生费。分工是：陈某负责外围关系，协调处理会所闹事和应对公安检查；赵某常驻会所负责日常经营管理；廖某管理财务，负责核对账目、收取营业款、发放员工工资和卖淫人员分成及日常经营开支等；王某担任会所经理，负责整个会所的日常经营管理；熊某负责在足浴部接待客人、安排技师。周某后又带了数名卖淫人员到会所，并负责管理卖淫人员、安排卖淫活动，从卖淫收入中抽取提成。洗浴部的事务，需要时由王某负责处理。卖淫人员逐渐达到约 20 人。

2013 年下半年，陈某将被告人廉某某招入会所。廉某某先后在足浴部、洗浴部从事管理。赵某、廖某、熊某、廉某某均直接招募、接待过前来会所应聘的卖淫人员，并安排人员为新进卖淫人员进行性服务培训。2014 年 10 月左右，赵某退股离开会所，廖某接替赵某进行日常经营管理。

会所经营期间，熊某和廉某某共同协助赵某、廖某先后对会所进行日常管理，二人轮班管理洗浴部，负责管理卖淫人员、安排卖淫活动及服务人员日常生活。熊某主要管理卖淫人员和服务人员，赵某不在会所时还负责招募来应聘的卖淫人员。廉某某主要管理接待、安排卖淫人员和服务人员的日常生活、后勤保障、会所的环境卫生等，有时也负责面试来应聘的卖淫人员，带招嫖人员进洗浴房、介绍项目、通知卖淫人员进房提供性服务。熊某、廉某某就所负责的管理、招募事务先后向赵某、廖某汇报，征求处理意见。

2015 年 1 月 19 日，洗浴会所被市公安局查处。

2011 年 9 月 2 日至 2015 年 1 月 18 日，洗浴会所卖淫项目通过销售终端（POS）机刷卡获取的营业额为 1422782 元。

2015 年 3 月 24 日，廖某、廉某某主动投案，后取保候审，同年 10 月 28 日以容留卖淫罪被决定不起诉。因涉嫌组织卖淫罪，经公诉机关人民检察院决定，于 2021 年 4 月 20 日被市公安局执行逮捕（具体情况：4 月 14 日，某县公安局民警发现公安局上网追逃人员廉某某在该县出现，遂立即对其进行抓捕，并移交至市公安局。4 月 20 日，廖某投案），同年 5 月 11 日被撤销原不起诉决定。

2021年6月7日，赵某被抓获归案。后来，陈某、王某相继投案，熊某被民警从监狱解回归案。

陈某、赵某、熊某、王某到案后均自愿认罪认罚，签署了认罪认罚具结书。

【案件焦点】

对诸被告人特别是几名从犯如何量刑。

【法院裁判要旨】

湖南省吉首市人民法院经审理认为：六被告人的行为均已构成组织卖淫罪。在共同犯罪中，陈某、赵某系卖淫场所股东并参与卖淫场所的管理，系主犯，均应按照其参与的全部犯罪处罚；廖某、廉某某、熊某、王某为卖淫场所工作人员，获取固定工资，均起次要作用，系从犯，应当从轻或减轻处罚。该院作出（2021）湘3101刑初190号刑事判决：

一、陈某判处有期徒刑十年十个月，并处罚金人民币200万元；

二、赵某判处有期徒刑十年，并处罚金人民币80万元；

三、廖某判处有期徒刑七年，并处罚金人民币30万元；

四、熊某判处有期徒刑七年，并处罚金人民币10万元；与（2019）湘3101刑初77号刑事判决的刑罚数罪并罚，决定执行有期徒刑十五年（含已服刑期），并处罚金人民币40万元；

五、廉某某判处有期徒刑四年六个月，并处罚金人民币8万元；

六、王某判处有期徒刑三年六个月，并处罚金人民币5万元；

七、追缴被告人的违法所得，上缴国库；

八、公安机关扣押的其他财物由公安机关依法处理。

一审判决后，公诉机关提出抗诉：廉某某犯组织卖淫罪，情节严重，其基准刑为十年以上有期徒刑或者无期徒刑。廉某某系从犯，原审法院决定减轻处罚，但在法定量刑幅度的下一个量刑幅度以下判处有期徒刑四年六个月，适用法律不当，量刑畸轻。

湘西土家族苗族自治州人民检察院认为，公诉机关抗诉正确，应予支持；

对其余五被告人量刑适当。

陈某、赵某、廖某、廉某某不服，以量刑过重为由提出上诉。其中廉某某提出的上诉理由是："应当认定廉某某具有自首情节。廉某某在2015年案发时投案自首，如实供述了犯罪事实。该案不起诉后，廉某某没有藏匿和潜逃，公安机关在可以通知廉某某到案的情况下又于2021年4月14日下午4点30分对其网上通缉，当晚9点钟到其家中将其抓获，办案机关违反规定程序；没有充分证据证明廉某某招募应聘卖淫人员，对卖淫女实施了管理行为，应当认定其仅构成协助组织卖淫罪；公诉机关抗诉意见不能成立，应当对廉某某从轻、减轻处罚。"

湖南省湘西土家族苗族自治州中级人民法院经审理认为：应对作为从犯的廖某、廉某某、熊某、王某减轻处罚。陈某、赵某及辩护人提出违法所得应扣除卖淫女的提成部分的意见成立，予以采纳。根据公安机关出具的到案经过，廉某某系2021年4月14日被抓获归案，不具有自首情节，公安机关在办案中对廉某某进行网上追逃并无不当；证人证言和熊某、赵某供述证明，廉某某招聘卖淫女，并与熊某共同管理洗浴部，对卖淫女进行管理，其行为符合组织卖淫罪的构成要件；且其管理期间卖淫女人数达到10人以上，情节严重，对廉某某不能在法定刑两个档次以下减轻处罚。公诉机关抗诉意见成立。原判认定事实清楚，审判程序合法，但对廉某某量刑不当，对陈某、赵某的违法所得计算不当，应予纠正。该院依照《中华人民共和国刑法》（以下简称《刑法》）《中华人民共和国刑事诉讼法》《最高人民法院、最高人民检察院关于办理组织、强迫、引诱、容留、介绍卖淫刑事案件适用法律若干问题的解释》的有关规定，于2022年7月29日作出（2022）湘31刑终73号刑事判决：

一、陈某判处有期徒刑十年十个月，并处罚金人民币105万元；

二、赵某判处有期徒刑十年，并处罚金人民币40万元；

三、廉某某判处有期徒刑五年，并处罚金人民币8万元；

四、追缴违法所得额（重新确定。陈某的违法所得由101.4322万元改为48.8137万元；赵某的违法所得由37.8544万元改为19.3337万元。其他不变），上缴国库。

（对原审判决其他判项，维持原判。）

【法官后语】

本案应认定廉某某犯组织卖淫罪，是从犯但情节严重。对作为从犯的廉某某应该如何量刑，是公诉机关与审判机关、一审法院与二审法院争议的核心点。

一、对从犯减轻处罚的刑法规定的解读

《刑法》第二十七条规定："在共同犯罪中起次要或者辅助作用的，是从犯。对于从犯，应当从轻、减轻处罚或者免除处罚。"之所以如此规定，是因为从犯与主犯相比，无论是主观恶性还是客观危害，都要轻一些。从犯的刑事责任同主犯应负的刑事责任相比较而言，比主犯应受到的刑罚处罚要轻。但实践中，所有的从犯实际受到的处罚一定比主犯轻。根据廉某某的犯罪事实及情节，考虑到罪责刑相适应原则，不足以对其免予处罚，但也不能只是从轻处罚，只能也应该是减轻处罚。

对于减轻处罚，1997年《刑法》本来没有减轻处罚只能减一档的规定。现在《刑法》关于减轻处罚的规定是《中华人民共和国刑法修正案（八）》修正的结果。现行《刑法》第六十三条第一款规定："犯罪分子具有本法规定的减轻处罚情节的，应当在法定刑以下判处刑罚；本法规定有数个量刑幅度的，应当在法定量刑幅度的下一个量刑幅度内判处刑罚。"对于从犯如何适用这一规定，实践中有争议。第一种观点认为，对从犯适用减轻处罚，只能在法定量刑幅度的下一个量刑幅度内判处刑罚，通俗地说就是只能减一档。第二种观点认为，对从犯适用减轻处罚，既可以在法定量刑幅度的下一个量刑幅度内判处刑罚，也可以根据案件具体情况，在法定量刑幅度的下两个或两个以上量刑幅度内判处刑罚，通俗地说就是可以减两档或两档以上。

应该认为，从《刑法》第六十三条第一款规定的字面含义上看，减轻处罚确实只能减一档；无法从字面上得出对从犯减轻处罚可以减两档的结论。但是，如果对从犯减轻处罚都只能减一档，在一些情况下会出现罪刑不相适应的情况。例如，某一共同犯罪案件，被告人所涉犯罪情节的法定量刑幅度为十年以上有期徒刑，下一个量刑幅度为五年以上十年以下有期徒刑，再下一个量刑幅度为五年以下有期徒刑。对主犯的合适刑期为十年有期徒刑，但是主、从犯之间的地位、作用差别很大，从犯仅起到很小的辅助作用。这时候，对从犯判处五年以上十年以下有期徒刑，显然不符合罪责刑相适应原则之要求。可以认为，《刑法》第六十三条第一款规定因过于绝对化而出现了漏洞。

二、对从犯减轻处罚的档次应考虑罪责刑相适应原则

在《刑法》第六十三条第一款规定出现了漏洞的情况下，《刑法》明确规定的罪刑法定原则和罪责刑相适应原则法官都必须兼顾，不能只强调一点。当法律出现漏洞时，法官应当站在无偏私的立法者立场，对法律作出符合正义、符合刑法基本原则之根本要求的解释。据此，在主、从犯地位、作用悬殊的情况下，对从犯减轻处罚可以减两档甚至两档以上。其主要理由是：一是符合罪责刑相适应的刑法基本原则之根本要求，有利于实现量刑公正；二是既然对从犯可以免除处罚，根据“举轻以明重”当然解释规则，减两档处罚也是合理的；三是避免因只减一档仍然过重从而将本来不符合免予处罚条件的从犯判决免予处罚，事实上放纵罪犯的结果。不过，在对从犯量刑减两档甚至两档以上时，必须从制度上予以约束：一是在判决书中必须同时引用《刑法》关于罪责刑相适应原则，全面分析阐述应该对从犯量刑减两档甚至两档的充分理由；二是法院内部应建立一定的控制制度，规定对从犯减两档处罚的，应当经审判委员会讨论决定。同样道理，对预备犯、有重大立功表现的被告人减轻处罚，也应当按同样原则处理。不过，这种做法只是一种理想化的，难免有违法判决之嫌疑。不到万不得已，不得引用《刑法》关于罪责刑相适应原则来判决。

三、对情节严重的从犯减轻处罚不得突破刑法明确规定

对从犯量刑可以减两档甚至两档以上的观点，是基于罪责刑相适应原则之根本要求。在虽然为从犯但犯罪情节严重时，对从犯如果仍然减两档甚至两档以上的做法，也是违背罪责刑相适应原则之要求的。因此，对情节严重的从犯，绝不能在法定刑两个档次以下减轻处罚，这也是必须坚持的。二审改判时，一再强调被告人廉某某虽然是从犯但情节严重，其根本原因就在于此。

综上所述，《刑法》第六十三条第一款从犯减轻处罚的规定不完全符合罪责刑相适应原则之要求，适用时不能绝对化，但对情节严重的从犯绝不能在法定刑两个档次以下减轻处罚，也是必须坚持的。

编写人：湖南省湘西土家族苗族自治州中级人民法院　唐斌

（二）自首和立功

25

接受讯问后未被采取强制措施，后主动到案的构成自动投案

——李某某非法吸收公众存款案

【案件基本信息】

1. 裁判书字号

北京市第三中级人民法院（2023）京03刑终75号刑事裁定书

2. 案由：非法吸收公众存款罪

【基本案情】

被告人李某某，曾系北京某资产管理有限公司财务负责人、法人。2014年至2017年，被告人李某某伙同潘某某、邵某某、白某某（均已判决）等，在北京市朝阳区某中心×座×层等地，以北京某资产管理有限公司等企业名义，通过口口相传、召开推荐会等方式向社会公开宣传销售理财产品，并承诺高额年化收益和返本付息，吸收集资参与人的资金。经审计，被告人李某某任职期间，公司吸收

资金共计人民币7000余万元，造成集资参与人经济损失共计人民币5000余万元。

被告人李某某于2017年11月9日在公安机关办案场所接受讯问，后公安机关让李某某离开，且未对李某某采取任何强制措施。2018年4月19日公安机关出具拘留证，并将李某某登记为刑拘在逃人员，后李某某于2022年7月4日主动前往公安机关办案场所投案。

【案件焦点】

被告人李某某在已经接受了公安机关讯问但并未被采取强制措施的情况下，后主动前往公安机关投案的行为是否构成自动投案。

【法院裁判要旨】

北京市朝阳区人民法院经审理认为：被告人李某某构成非法吸收公众存款罪，到案后虽如实供述所犯罪行，但不构成自动投案，不应认定为自首。鉴于李某某系从犯，到案如实供述所犯罪行，退缴违法所得，综合考量李某某在公司中的具体作用，依法对被告人李某某减轻处罚。故判决：

被告人李某某犯非法吸收公众存款罪，判处有期徒刑二年二个月，罚金人民币6万元；在案之人民币33万元，发还集资参与人。

宣判后，被告人李某某提出上诉，认为原判未认定李某某构成自首有所不妥，应当认定李某某构成自动投案，应当认定为自首。

北京市第三中级人民法院经审理认为：在案卷宗材料中未见2017年对李某某采取拘传等强制到案的法律手续，且李某某被讯问后在较长时间内未被公安机关采取任何强制措施，亦未有卷宗材料显示公安机关要求李某某不能更换住址、联系方式并随传随到；虽然李某某后被列为在逃人员，但李某某主动前往公安机关投案，到案后如实供述主要犯罪事实，应当认定为自首。李某某虽具有自首情节，但公安机关已锁定李某某系犯罪嫌疑人并将李某某列为在逃人员，其自首对公安机关及时侦破案件并未起到较大作用，其自首的价值相对不大且自首的时效性不强，据此，北京市第三中级人民法院裁定：

驳回上诉，维持原判。

【法官后语】

针对李某某是否构成自动投案，第一种观点认为，李某某不构成自动投案。根据李某某的供述，其2017年11月9日是因为其他原因被行政拘留结束后被公安机关从拘留所带到办案地点，属于被动到案。李某某已经接受公安机关的讯问，后又因公安机关联系不到其而被列为在逃人员，后续无论李某某如何到案，均不能适用自首认定中的自动投案的相关规定，故不能认定其为自动投案。

第二种观点认为，李某某构成自动投案。李某某虽然接受了公安机关的讯问，但在案证据中没有最初对李某某强制到案的法律手续，且李某某被讯问后在较长时间内未被公安机关采取任何强制措施，亦未有证据显示公安机关要求李某某不能更换住址、联系方式并随传随到；虽然李某某被通缉，但李某某主动前往公安机关投案，表明了其到案的主动性和自愿性，应当认定其自动投案。笔者赞同第二种观点，理由如下。

一、李某某最初到案是否系强制到案存疑

根据《公安机关办理刑事案件程序规定》的规定，公安机关对犯罪嫌疑人可以进行传唤，经过传唤没有正当理由不到案的犯罪嫌疑人，可以拘传到其所在市、县公安机关执法办案场所进行讯问，即公安机关无论对犯罪嫌疑人进行传唤还是拘传，均须有相应的法律手续。李某某案发时系北京某资产管理有限公司的财务人员、挂名法人。公安机关的立案手续显示系对北京某资产管理有限公司涉嫌非法吸收公众存款罪这一犯罪事实立案，并未明确针对李某某进行立案。李某某2017年因其他原因被行政拘留，根据其供述，在行政拘留期限届满后，其被公安机关带至办案地点。在办案地点，公安机关对李某某进行了讯问并制作了讯问笔录。但是在案证据中未见有对李某某进行传唤或者拘传的法律手续，故在刑事诉讼法上，能否将李某某最初到案的情形认定为系强制到案存疑。因此，在认定李某某是否系强制到案存疑的情况下，应当认为李某某2017年到案系非强制到案，在非强制到案的情况下，不能否认后续自动投案的机会。

二、被讯问后不意味着失去自动投案的可能

《最高人民法院关于处理自首和立功具体应用法律若干问题的解释》第一条第一项规定，自动投案，是指犯罪事实或者犯罪嫌疑人未被司法机关发觉，或者虽被发觉，但犯罪嫌疑人尚未受到讯问、未被采取强制措施时，主动、直接向公安机关、人民检察院或者人民法院投案。“尚未受到讯问”和“未被采取强制措施”之间用顿号间隔，这里的顿号是“且”还是“或”的意思存在争议。前述认为李某某不构成自动投案的观点主要理由之一是将顿号理解成“且”的意思，认为李某某构成自动投案的观点理由之一是将顿号理解成“或”的意思。笔者认为应当从有利于被告人的角度，将顿号理解为“或”的意思。理由如下：第一，参考《最高人民法院关于处理自首和立功具体应用法律若干问题的解释》第一条第一项关于自动投案的规定，顿号都表示“或”的意思，如规定中提到的“犯罪嫌疑人向其所在单位、城乡基层组织”“犯罪嫌疑人因病、伤”“被有关组织或者司法机关盘问、教育后”“在被通缉、追捕过程中”“经亲友规劝、陪同”等，在同一项规定中对顿号作相同理解，符合同类解释的一般原则，故将顿号理解为“或”的意思更具有合理性；第二，在非法集资类案件中，通常是对事立案，实践中有时公安机关出于侦查案件的需要而对包括被告人在内的一些人员进行讯问，公安机关认为依据当时的在案证据尚不能认定接受讯问的被告人构成犯罪或者有重大作案嫌疑，公安机关只是让被告人自行离开，且不对其采取任何强制措施，被告人通常会认为司法机关认定其不构成犯罪，其可以自由生活，无须限制自己的自由。本案中，李某某在首次被讯问后在较长时间内未再被公安机关通知予以讯问，亦未被公安机关采取任何强制措施，李某某认为自己在本案中无须承担刑事责任。

三、被列为在逃人员不影响自动投案的认定

根据《最高人民法院关于处理自首和立功具体应用法律若干问题的解释》的规定，犯罪后逃跑，在被通缉、追捕过程中，主动投案的，应当视为自动投案。也就是说犯罪后即便为逃避法律追究故意逃跑，被通缉、追捕，只要在过程中主动投案，就不影响自动投案的认定。举重以明轻，本案中，李某某虽然被上网追逃，但是对于李某某来说，公安机关在对其讯问后较长时间内未对其采取任何强制措施，也未要求李某某不能更换住址、联系方式并随传随到，李某某认为可以自由生活的情况下，后续公安机关联系不到李某某而将其列为在逃人员，李某某得知自己被追逃后，自行前往公安机关办案场所投案，如实供述主要犯罪事实，体现了将自己的罪行交付司法机关追诉的意愿，应当认定为自动投案。另外，自首制度的价值之一是节约司法资源、提高案件查办效率，本案中公安机关系一时找不到李某某，才对李某某进行追逃，李某某在知晓其被追逃后，自行前往公安机关办案场所投案，到案后如实供述主要犯罪事实，降低了公安机关对其实施抓捕、侦办的成本，节约了司法资源，提高了司法效率，符合自首制度的价值追求。

综上，在案证据不能证明被告人初次到案系强制到案，被告人在接受讯问后未被采取强制措施，后主动到案的构成自动投案，到案后如实供述主要犯罪事实的，应当认定被告人构成自首。

编写人：北京市第三中级人民法院　段伟
北京市朝阳区人民法院　张元元

26

仅从主观心态进行辩解是否影响自首的成立

——李某某故意杀人、放火案

【案件基本信息】

1. 裁判书字号

山东省淄博市中级人民法院（2021）鲁 03 刑终 97 号刑事附带民事判决书

2. 案由：故意杀人罪、放火罪

【基本案情】

被告人李某某因宅基地问题与后邻王甲和李乙两家素有矛盾纠纷。2020 年 8 月 3 日 6 时左右，被告人李某某想起双方的宅基地矛盾，为泄愤到原液压机械厂院内，持半米多长的铡刀追砍张丙、王甲，将张丙右颌面部近下颌角处砍出一长约 4.4 厘米裂伤，深及骨膜，下颌骨骨质断裂，枕顶部砍出一长约 3.0 厘米的裂伤，深及骨膜，左手大鱼际砍出 3.5 厘米裂伤，左手小指外侧砍出 2.0 厘米裂伤，后背砍出 14.0 厘米斜向划伤；造成王甲右眼角外侧挫伤。后被告人李某某追砍王甲、张丙时，王甲、张丙一东一西跑出院子，被告人李某某未追上二人便骑摩托车离开。被告人李某某骑摩托车回家后，看到李乙儿媳齐丁的女儿李戊停放在自家门口车牌号为鲁 C×××YK 汽车，为报复李乙，被告人李某某泼洒汽油并将该车烧毁。被烧毁车辆北侧紧挨齐丁家和李己家的住房，南侧约两米半处系邻居后墙上离地面 2.55 米位置处安装有东西走向的正在使用中的天然气管道。经法医鉴定，被害人张丙外伤致下颌骨骨折，伤情构成轻伤二级，被害人王甲伤情构成轻微伤。经损失价格认定，鲁 C×××YK 汽车，在 2020 年 8 月 3 日的损失价格为人民币 110987 元。

由于被告人李某某的行为致使被害人张丙住院治疗 11 天，产生医疗费 9688.50 元、住院伙食补助费 330 元、护理费 1320 元、误工费 806.67 元。

案发后公安人员为传唤被告人李某某到达李某某家门口时，李某某主动从大门口走向公安人员，并称“火是我点着的”。遂被民警带到公安机关供述了上述事实。

【案件焦点】

李某某仅从主观心态进行辩解是否构成故意杀人罪的自首。

【法院裁判要旨】

山东省淄博市临淄区人民法院经审理认为：对于放火罪，被告人李某某构成自首。对于故意杀人罪，被告人李某某当庭翻供，未如实供述所犯罪行，不能构成自首。被告人李某某故意杀人，其行为已构成故意杀人罪；故意放火，危害公共安全，致使他人财产遭受重大损失，其行为已构成放火罪。根据其犯罪的事实、性质、情节和社会危害程度，山东省淄博市临淄区人民法院依法判决如下：

一、被告人李某某犯故意杀人罪，判处有期徒刑十一年；犯放火罪，判处有期徒刑八年，数罪并罚，决定执行有期徒刑十六年；

二、作案工具打火机、铡刀、塑料桶予以没收；

三、被告人李某某赔偿附带民事诉讼原告人张丙经济损失医疗费 9688.50 元、住院伙食补助费 330 元、护理费 1320 元、误工费 806.67 元，以上共计 12145.17 元，于本判决生效之日起十日内予以付清；

四、被告人李某某赔偿附带民事诉讼原告人李戊经济损失 110987 元，于本判决生效之日起十日内予以付清；

五、驳回附带民事诉讼原告人李乙的诉讼请求；

六、驳回附带民事诉讼原告人张丙、李戊的其他诉讼请求。

宣判后，李某某提起上诉，山东省淄博市中级人民法院经审理认为：关于辩护人所提“李某某犯故意杀人罪构成自首”的辩护意见。经查，被告人李某某系主动投案，到案后及庭审中均如实供述了自己持刀砍人、放火的主要犯罪事实，被告人李某某庭审中虽然对作案动机、主观故意、提前准备作案工具的动机等情节进行辩解，但均属于对自己犯罪行为性质的辩解，不影响自首的成立。故辩护人的该辩护意见成立，予以采纳。对其他上诉意见不予采纳。原审判决认定事实清楚，证据充分，定性准确，对李某某犯放火罪的量刑适当，但对李某某犯故意杀人罪的量刑不当，依法应予改判。

山东省淄博市中级人民法院依法判决：

一、维持山东省淄博市临淄区人民法院（2020）鲁 0305 刑初 467 号刑事附带民事判决第一项中对李某某犯故意杀人罪的定罪部分和放火罪的定罪、量刑部分；维持第二项、第三项、第四项、第五项、第六项；

二、撤销山东省淄博市临淄区人民法院（2020）鲁 0305 刑初 467 号刑事附带民事判决第一项中对李某某犯故意杀人罪的量刑及数罪并罚部分；

三、李某某犯故意杀人罪判处有期徒刑九年；犯放火罪，判处有期徒刑八年，数罪并罚，决定执行有期徒刑十四年。

【法官后语】

本案争议的焦点在于被告人犯故意杀人罪是否构成自首。由于一审、二审对行为人仅从主观心态进行辩解是否影响自首的成立认识不一，故对李某某犯故意杀人罪是否构成自首存在不同认定。

如何理解“如实供述自己的罪行（主要犯罪事实）”及“对行为性质的辩解不影响自首的成立”这两个有关自首认定的重要问题，理论界和实务界均有不同意见。分歧焦点在于如何理解“主观心态”与“主要犯罪事实”及“对主观心态的辩解”与“对行为性质的辩解”之间的关系。应该说，主观心态属于“主要犯罪事实”，行为人自动投案后是否如实供述犯罪主观心态，必然影响自首的认定。从自首制度设立的目的及自首的本质来看，也必须把行为人是否如实供述犯罪主观心态作为能否认定自首的条件。“对行为性质的辩解”与“是否如实供述主观心态”本质上是两个层面的问题，两者存在质的区别。“对行为性质的辩解”是对犯罪行为的定性，即犯罪行为在法律上是否应当被认定为犯罪所作的辩解，而不是对主观心态内容（是故意还是过失、是直接故意还是间接故意等）的辩解。2004年《最高人民法院关于被告人对行为性质的辩解是否影响自首成立问题的批复》（以下简称《批复》）规定，“对行为性质的辩解不影响自首的成立”。《批复》所规定的对自己行为的性质进行辩解，必须是在行为人已经“如实供述自己的罪行”的前提下，即在本质上是对法律适用方面的辩解，而不是对犯罪事实本身是否存在的辩解。再者，主观心态固然可以通过行为人的客观行为以及在案证据进行认定，但不能据此认为，认定自首可以不必要求行为人如实供述自己的主观心态。

“如实供述”，顾名思义，是指实事求是地、客观地供述犯罪事实。如实供述自己的罪行，要求行为人真实、完整地交代自己的主要犯罪事实。具体包括三层含义：其一，行为人供述的内容应当是犯罪事实；其二，行为人供述的内容应当是本人的犯罪事实；其三，行为人供述的内容应当是主要犯罪事实。目前，刑法和相关司法解释均未对“如实”的判断标准作出规定。虽然2010年《最高人民法院关于处理自首和立功若干具体问题的意见》以“真实情况”来解释“如实”，但“真实情况”的表述仍然过于模糊。对此，笔者认为，“如实供述”的认定虽然是刑事实体法要研究的问题，但犯罪事实的认定和定罪量刑必须依靠刑事诉讼法解决，脱离案件证据和程序规范，对“如实供述”的认定就会陷入纯理论探讨的泥沼。因此，“如实供述”的判断应当以根据在案证据查明的案件事实为认定标准。限于人的认识能力、认识水平以及客观实际，绝对的犯罪客观真实是无法被复原的，但依照法定程序，通过在案证据“重现”的犯罪事实，就应当视为案件事实。具体到对行为人主观心态的认定上，应当按照主客观相统一原则把握行为人是否“如实供述”犯罪主观心态，即以行为人对主观心态的辩解是否改变或者否定依照在案证据认定的案件事实为标准①：如果行为人的辩解具有合理的根据能够成立，或者不能被在案证据排除的，就属于没有改变或者否定案件事实，不影响“如实供述”的成立；反之，则影响“如实供述”的成立。对于将重罪故意辩解为轻罪故意的情形，可以通过这个标准来分析行为人对主观心态的辩解是否影响“如实供述”的成立：根据行为人和被害人的关系（是否有矛盾，矛盾大小）、行为人作案时的行为表现（是否扬言杀人，是否追杀）、被害人的创口部位（要害部位还是非要害部位）、创口数量（多处创口还是一处创口）、行为人作案后的态度（是否有抢救被害人的行为）等在案证据证实的情节，若在案证据足以认定行为人实施的是重罪故意行为，则行为人的辩解不能成立，不能认定其构成自首；反之，若在案证据不能认定行为人实施了重罪故意行为，或者不能排除其有实施轻罪故意行为可能的，则应当认定行为人的辩解成立，认定其构成自首。

本案中，根据被告人供述证实，李某某案发当天早晨拿着铡刀找被害人的目的就是“杀了王甲和张丙”，虽然被告人在进入被害人院子前其杀人的决心有所动摇“我骑着摩托车到了王甲、张丙住的门口的时候就心软了，没有弄死

---

① 陈攀：《对行为人主观心态与行为性质的辩解及自首的认定》，载《法律适用》2014年第4期。

王甲和张丙的想法了”，但从被告人李某某进入院子对被害人实施伤害的行为及结果来看，其持刀砍击的均为头、面、颈等要害部位，伤口深及骨膜。被告人应该意识到自己的行为可能会造成被害人死亡的后果，但主观上仍持“放任态度”，属“间接故意”的犯罪，因此，在案证据足以认定被告人李某某实施的是故意杀人行为而非故意伤害行为，其当庭对作案动机、主观故意、提前准备作案工具的情况翻供不具有合理的根据无法成立，且能够被在案证据排除，其犯罪主观心态的辩解影响“如实供述”的成立，不能认定其构成自首。二审认定被告人故意杀人罪构成自首值得商榷。

编写人：山东省淄博市临淄区人民法院　刘海红

27

被告人在强奸罪案件的侦讯过程中坦白对受害人另有猥亵儿童的行为，其所犯猥亵儿童罪是否构成自首

——林某某强奸、猥亵儿童案

【案件基本信息】

1. 裁判书字号

广东省广州市白云区人民法院（2022）粤0111刑初679号刑事判决书

2. 案由：强奸、猥亵儿童罪

【基本案情】

2021年8月2日，被告人林某某明知被害人赵某（女，案发时12周岁）未满14周岁，在本市某地址二楼房间内与被害人赵某发生性关系。2021年8月10日，被告人林某某在上址脱掉被害人赵某的裤子后，用手指扣、摸被害人赵某的阴部，并用手按住被害人赵某的头部，强迫被害人赵某为其口交及手淫。

2021年8月14日，被告人林某某在上址亲吻、用手摸被害人赵某的胸部。2021年8月20日，被告人林某某在上址与被害人赵某发生性关系，并且要求赵某为其口交。

后被害人赵某报案称其遭到被告人林某某强奸。2021年11月7日，民警将涉嫌强奸罪的林某某抓获。被告人林某某到案后向公安机关供述了其对被害人赵某实施了强奸行为，并坦白其对被害人赵某另外实施了两次猥亵行为。

【案件焦点】

被告人在强奸罪案件的侦讯过程中坦白对受害人另有猥亵儿童的行为，其构成的猥亵儿童罪是否认定为自首。

【法院裁判要旨】

广东省广州市白云区人民法院经审理认为：被告人林某某奸淫不满十四周岁的幼女，其行为已构成强奸罪。被告人林某某猥亵儿童，其行为已构成猥亵儿童罪。被告人林某某一人犯数罪，依法应数罪并罚。经查，被告人林某某归案后如实供述自己强奸被害人赵某的行为，同时其向司法机关如实供述了对被害人赵某实施了猥亵行为。就本案而言，虽然司法机关已经掌握的强奸罪与尚未掌握的猥亵儿童罪罪名不同，但是两罪指向同一被害人，均属于性侵型犯罪，即两罪在法律、事实上密切联系，应认定为同种罪行，故被告人林某某向司法机关坦白其对被害人赵某实施了猥亵行为不构成自首。据此，广东省广州市白云区人民法院以强奸罪，判处：

被告人林某某有期徒刑四年；以犯猥亵儿童罪，判处被告人林某某有期徒刑二年；数罪并罚，决定执行有期徒刑五年。

案件裁判已发生法律效力。

【法官后语】

本案的争议焦点在于被告人林某某在强奸罪案件的侦讯过程中坦白有猥亵儿童的行为，对于其猥亵行为构成的猥亵儿童罪是否认定为自首。

《中华人民共和国刑法》第六十七条规定："犯罪以后自动投案，如实供述自己的罪行的，是自首。对于自首的犯罪分子，可以从轻或者减轻处罚。其中，犯罪较轻的，可以免除处罚。被采取强制措施的犯罪嫌疑人、被告人和正在服刑的罪犯，如实供述司法机关还未掌握的本人其他罪行的，以自首论。犯罪嫌疑人虽不具有前两款规定的自首情节，但是如实供述自己罪行的，可以从轻处罚；因其如实供述自己罪行，避免特别严重后果发生的，可以减轻处罚。"被告人林某某在强奸罪案件的侦讯过程中向公安机关坦白自己对强奸罪的被害人另外实施了两次猥亵行为，当时公安机关尚未掌握其猥亵儿童的行为和事实，符合上述法律规定中有关自首的表现形式。但是根据《最高人民法院关于处理自首和立功若干具体问题的意见》第三点："关于'司法机关还未掌握的本人其他罪行'和'不同种罪行'的具体认定……犯罪嫌疑人、被告人在被采取强制措施期间如实供述本人其他罪行，该罪行与司法机关已掌握的罪行属同种罪行还是不同种罪行，一般应以罪名区分。虽然如实供述的其他罪行的罪名与司法机关已掌握犯罪的罪名不同，但如实供述的其他犯罪与司法机关已掌握的犯罪属选择性罪名或者在法律、事实上密切关联，如因受贿被采取强制措施后，又交代因受贿为他人谋取利益行为，构成滥用职权罪的，应认定为同种罪行"，被告人林某某所犯的强奸罪及猥亵儿童罪虽属于不同罪名，但是两者均属性侵型罪行，且指向的受害人皆为同一人，可视为法律、事实上密切关联。因此，在本案中认定两罪属于同种罪行并且认定被告人林某某对其猥亵儿童罪不构成自首更符合法律规定及相关司法解释中关于自首制度的立法目的以及我国重点保护未成年人合法权益的司法精神。

本案系规范司法实践中关于自首制度的运用、贯彻落实宽严相济刑事政策以及关于加强保护未成年人性侵案件中的合法权益的典型案例，具有参考价值。

编写人：广东省广州市人民法院　高静

28

以其他事由被电话通知到案后如实供述罪行的自首认定

——柯某某帮助信息网络犯罪活动案

【案件基本信息】

1. 裁判书字号

福建省南安市人民法院（2023）闽0583刑初223号刑事判决书

2. 案由：帮助信息网络犯罪活动罪

【基本案情】

2021年11月23日，被告人柯某某明知他人利用银行卡实施信息网络犯罪，仍为他人提供支付结算账户等帮助，并从中获利。2022年1月4日，公安机关以调查户口为由电话通知被告人配合调查，被告人柯某某到案后如实供述自己的罪行。审理过程中，被告人柯某某向本院预缴罚金人民币5000元。

公诉机关认为被告人柯某某的行为构成帮助信息网络犯罪活动罪，认为成立坦白。

【案件焦点】

在公安机关已掌握线索的情况下，司法机关以其他事由电话通知行为人到案，行为人接到电话通知后，在不明知调查原因，主动到公安机关如实供述自己罪行的，是否可以认定为自首。

【法院裁判要旨】

福建省南安市人民法院经审理认为：被告人柯某某明知他人利用信息网络实施犯罪，仍为其犯罪提供支付结算帮助，情节严重，其行为已构成帮助信息网络犯罪活动罪。公诉机关的指控成立。被告人柯某某系被以其他事由通知到案，投案不具有主动性和自愿性，依法不能认定为自动投案，但其到案后如实供述自己的罪行，可以从轻处罚。被告人柯某某自愿认罪认罚，可以从宽处理。被告人柯某某退出违法所得并预缴罚金，对其酌情从轻处罚。

福建省南安市人民法院依照《中华人民共和国刑法》第二百八十七条之二第一款、第六十七条第三款、第七十二条第一款及第三款，第七十三条第二款及第三款、第六十四条，《最高人民法院、最高人民检察院关于办理非法利用信息网络、帮助信息网络犯罪活动等刑事案件适用法律若干问题的解释》第十二条及《中华人民共和国刑事诉讼法》第十五条、第二百零一条第一款的规定，作出如下判决：

一、被告人柯某某犯帮助信息网络犯罪活动罪，判处有期徒刑六个月，缓刑一年，并处罚金人民币5000元；

二、被告人柯某某退出的人民币100元和扣押在案的作案工具手机一部，予以没收，上缴国库。

宣判后，被告人柯某某未提起上诉，公诉机关亦未抗诉，一审判决已经发生法律效力。

【法官后语】

公安机关以其他事由电话通知犯罪行为人到案配合调查，其主动到公安机关接受调查，到案后即如实供述自己的罪行的情形是否成立自首。第一种意见认为，犯罪行为人接到电话通知，系公安机关隐瞒身份以其他事由通知或通知其配合其他案件的调查，被告人对本案犯罪没有投案的主动性，不宜认定为自首。第二种意见认为，犯罪行为人接到公安机关以其他事由的电话通知后，不论其出于何种动机到案，只要其如实供述自己的罪行，从有利于实现自首的立法功能出发，均应认定为自首。我们认为，以上两种意见均值得商榷。第一种意见将所有经公安机关以其他事由电话通知后主动到案的情形均不认定为自首，失之偏颇，不利于鼓励犯罪行为人自首。第二种意见认为所有经电话通知后到案并如实供述罪行的均认定为自首，又太片面。是否成立自首，应当结合具体案情，严格依照有关法律法规对自首的规定来认定。

（一）自动投案成立需具备的主、客观条件

根据《中华人民共和国刑法》第六十七条第一款的规定，犯罪以后自动投案，如实供述自己的罪行的，是自首，即自首必须满足自动投案和如实供述两个条件；根据《最高人民法院关于处理自首和立功具体应用法律若干问题的解释》第一条的规定，自动投案是指犯罪事实或者犯罪嫌疑人未被司法机关发觉，或者虽被发觉，但犯罪嫌疑人尚未受到讯问、未被采取强制措施时，主动、直接向公安机关、人民检察院或者人民法院投案。自动投案的本质是犯罪嫌疑人犯罪后，在具备人身自由的状态下，主动将自己置于司法机关的控制之下，并愿意接受法律的审查和制裁。由此可见，成立自动投案需要同时具备主、客观条件。

1. 自动投案的客观要件

从客观上来看，自动投案要求犯罪嫌疑人投案的时候人身处于自由状态，尚未受到司法机关的控制。自动投案之所以能够得到法律上的从轻处罚，一个重要原因是这种行为能够降低司法机关的抓捕成本，节约司法资源。故要求行为人在投案之时尚未被抓获，未被采取强制措施，人身自由处于自由状态。反之，如果犯罪嫌疑人已经被司法机关控制，人身失去自由，那么也就失去投案的前提。

民警电话通知不属于强制措施，电话通知行为人到案，符合自动投案的客观要件。根据刑事诉讼法等规定，强制措施的种类一般包括拘传、取保候审、监视居住、拘留和逮捕。关于电话通知不属于取保候审、监视居住、拘留和逮捕这几种类型的强制措施不存在争议。但因电话通知与传唤有一定的相似点，现主要探讨电话通知是否属于传唤或拘传。传唤与拘传不同，传唤分为书面传唤、口头传唤，书面传唤一般为公安机关持书面传唤证传唤，犯罪嫌疑人需签名捺印，口头传唤仅适用于现场发现犯罪嫌疑人。拘传一般适用于经过依法传唤，犯罪嫌疑人无正当理由拒绝接受传唤的情形。电话通知不具备书面传唤或口头传唤的特征属性，其不属于传唤，亦不属于拘传。

本案中，柯某某是接到公安机关电话通知，在其人身处于自由状态，尚未被司法机关控制的情况下到案，符合自动投案的客观时机要件。

2. 行为人接到电话通知后，在明知调查原因，主动将自己置于司法机关控制之下并愿意接受审查和制裁的，符合自动投案的主观要件

在符合自动投案的客观要件的同时，犯罪行为人还需要符合自动投案的主动性和自愿性两个主观要件。主观上要求行为人具有将自己置于司法机关控制之下并接受制裁的投案心理。构成自动投案还要求行为人具有投案的心理动机，即其系以犯罪嫌疑人的身份前往司法机关，而非作为证人前去接受司法机关的一般询问。也就是说，行为人在投案之时明知司法机关已经掌握其犯罪事实，将其列入犯罪嫌疑人，并将对其进行讯问、采取强制措施，仍自愿选择前往，表明其抱着一种主动将自己置于司法机关控制之下并愿意接受审查和制裁的投案心理，应当认定为自动投案。

实践中，经常碰到公安机关为了节省资源、担心犯罪嫌疑人脱逃等原因，以其他事由通知行为人到案。判断行为人是否具有投案的主动性和自愿性，要看行为人在接到民警电话通知时，是否明知民警通知其前往的真实原因。具体情形如下：

（1）第一种情形是虽然民警以其他事由电话通知犯罪行为人到案，但犯罪行为人知道民警要调查其某个违法犯罪行为，且民警电话通知其到案的真实原因也确系在调查该违法犯罪行为。在这种情形下，犯罪行为人在并无外力强制、人身处于自由状态的情况下，可以选择拒绝前往，甚至选择潜逃外地。但若其在投案心理的支配下，选择以犯罪嫌疑人而非证人或被害人的身份前往司法机关归案，将自己的人身自由置于侦查机关的控制之下，愿意接受进一步审查和制裁的，足以证明其主观上有投案的主动性和自愿性，完全符合自动投案的实质精神。况且，《最高人民法院关于处理自首和立功具体应用法律若干问题的解释》对于犯罪后逃跑，在被通缉、追捕过程中，主动投案的，以及公安机关通知亲友，由亲友将犯罪嫌疑人送去投案的情形，均视为自动投案。行为人经司法机关电话通知后即主动归案的，无论是在主观恶性还是社会危害性等方面

都要轻得多，举重以明轻，也应当认定为自动投案。

（2）第二种情形是民警以其他事由通知犯罪行为人到案，行为人主观上也相信民警系因与其违法犯罪无关的事情通知其。在这种情形下，行为人虽然有自行到公安机关的客观行为，但其此行的主观上并不是以犯罪嫌疑人的身份前往，也不是为了向公安机关如实交代自己的犯罪行为，没有主动将自己置于公安机关控制之下并接受法律制裁的主观意愿，不宜认定为有投案的主动性和自愿性。

本案中，柯某某被民警以调查户口为由电话通知到公安机关，柯某某也相信民警系因与其帮助信息网络犯罪活动罪无关的事情通知其而前往公安机关。柯某某前往公安机关的目的并非出于主动将自己置于公安机关控制之下并接受法律制裁的主观意愿，不能认定柯某某具有投案的主动性和自愿性。

（二）经电话通知后自动投案如实供述自己罪行的，应当认定为自首

根据《中华人民共和国刑法》第六十七条第一款及《最高人民法院关于处理自首和立功具体应用法律若干问题的解释》第一条第二项的规定，行为人经电话通知后，在明知司法机关的调查目的，其人身自由尚未被司法机关实际控制前而主动到案的情形，虽然可以认定为自动投案，但是否构成自首，还得结合其是否如实供述主要犯罪事实以及在何种时间条件下作出供述综合判断。

1. 行为人自动投案后，必须如实供述主要犯罪事实

《中华人民共和国刑法》第六十七条规定的“如实供述自己的罪行”，是指犯罪嫌疑人自动投案后，如实交代自己的主要犯罪事实。即自首要求行为人自动投案后，必须如实供述主要犯罪事实。一般来说，主要犯罪事实是指对犯罪嫌疑人行为性质的认定有决定意义的事实、情节以及对量刑有重大影响的事实、情节。因此，即便行为人投案后没有交代全部犯罪事实，但如实交代的犯罪情节重于未交代的犯罪情节，或者如实交代的犯罪数额多于未交代的犯罪数额，一般应认定为如实供述自己的主要犯罪事实。

2. 如实供述的时间必须符合相关法律规定，才能认定为自首

根据《最高人民法院关于处理自首和立功具体应用法律若干问题的解释》

第一条第二项的规定，犯罪嫌疑人自动投案并如实供述自己的罪行后又翻供的，不能认定为自首，但在一审判决前又能如实供述的，应当认定为自首。从该规定的精神来看，如实供述必须是司法机关掌握其主要犯罪事实之前，才能节约司法资源。

司法实践中，行为人经传唤自动投案的动机不完全相同，有的确实是抱着认罪、悔罪的心态去司法机关，且愿意接受惩罚，有的则是抱着侥幸的心理去试探司法机关掌握其犯罪事实的多少。行为人的真实投案动机无从得知，只能根据客观表现来判断其如实供述的时间是否符合自首的规定。

(1) 行为人经电话通知自动投案后，无论司法机关此时是否已经掌握行为人的犯罪事实，只要行为人在司法机关对其采取强制措施且出示犯罪证据前，如实供述自己的主要或全部的犯罪事实，均应当认定为自首。审理实践中，我们一般以行为人的初期笔录和被采取强制措施的时间来判断。

(2) 行为人经电话通知自动投案后，还来不及向司法机关作出有罪供述，即被司法机关采取强制措施的，即使司法机关已经掌握行为人的犯罪事实，只要行为人在第一次笔录中如实供述自己的主要或全部的犯罪事实，一般也认定为自首。审理实践中，我们一般以行为人被采取强制措施的签字确认时间及其第一次讯问笔录综合判断。

(3) 行为人经电话通知自动投案后，虽然初期未能如实供述自己的罪行，但在司法机关掌握其主要犯罪事实之前如实供述的，应当认定为自首。审理实践中，这类情形需要侦查机关出具破案经过等证明材料，并结合被告人的供述、证人证言、被害人陈述等证据综合判断。

(4) 行为人经电话通知自动投案后，初期未能如实供述自己的罪行，直至司法机关出示行为人的犯罪证据后，行为人才供述，有的甚至直至一审庭审过程中才如实供述，这种情形不能认定为自首。因为这类案件的破获系经过侦查机关的努力，行为人自动投案是在和司法机关博弈，直至司法机关出示证据后才供述，并没有体现行为人的认罪悔罪的态度，也没有起到节约司法资源的效果，故不宜认定为自首。

本案中，柯某某不具有自动投案情节，其到案后虽如实供述自己的罪行，但是是在司法机关已经掌握一定线索、证据的前提下。因此，即便柯某某在归案后的第一次讯问笔录中承认自己的罪行，也无法认定为自首。

综上所述，司法机关以其他事由电话通知行为人到案，行为人接到通知后，不明知司法机关真实的调查目的前往司法机关，归案后即如实供述自己罪行的，不应当认定为自首。

编写人：福建省南安市人民法院　陈柳荣

29

“明知他人报案而在现场等待”在何种情形下可以认定为自动投案

——罗某等寻衅滋事案

【案件基本信息】

1. 裁判书字号

江苏省南通市中级人民法院（2022）苏 06 刑终 226 号刑事裁定书

2. 案由：寻衅滋事罪

【基本案情】

2021 年 10 月 22 日凌晨 0 时许，被告人罗某、施某、卢某在某酒吧一楼大厅内饮酒。罗某因座位问题，对邻桌的被害人施某某心生不满，遂扔冰桶、踢施某某。施某见施某某出酒吧而跟随其后至门口，见施某某使用手机打电话就夺下其的手机，并对其实施殴打。罗某持两酒杯走出酒吧向施某某敬酒打招呼，在施某某未接受且称已经报警等待公安机关处理后，罗某将酒杯砸于地面，并将施某某抱摔在地、坐在其身上实施殴打。与此同时，被害人刘某在一旁用手机拍摄罗某殴打施某某的过程。卢某担心刘某拍摄的视频对己方不利，遂抢夺刘某手机。施某将刘某推倒在地，并对刘某拳打脚踢。卢某用脚踢踹刘某。施某某见刘某被打，便上前肘击施某，卢某见状向施某某挥拳，后罗某、施某再次对施某某实施殴打。上述行为致施某某、刘某受伤，刘某的眼镜、手机及酒吧的冰桶、酒杯损坏。经启东市公安局物证鉴定室鉴定，被害人施某某、刘某的人体损伤程度均评定为轻微伤。经启东市价格认定中心认定，上述受损物品价值共计人民币686元。

2021年10月22日凌晨，民警接被害人施某某电话报警后赶至某路某酒吧门口，并将被告人罗某、施某、卢某带至公安机关进行调查。三被告人归案后未能及时如实供述犯罪事实，之后如实供述了主要犯罪事实，赔偿被害人损失，取得被害人谅解。在审查起诉阶段，三被告人签署了认罪认罚具结书。

【案件焦点】

1. “明知他人报案而在现场等待”但在民警到达之前又实施了不法侵害行为是否影响“自动投案”的认定；2. “明知他人报案而在现场等待”但在民警到达之前实施了阻挠被害人拍摄取证的行为是否影响“自动投案”的认定。

【法院裁判要旨】

江苏省启东市人民法院经审理认为：被告人罗某、施某、卢某随意殴打他人，情节恶劣，其行为均已构成寻衅滋事罪，依法应当追究刑事责任。本案系共同犯罪。被告人罗某、施某、卢某在共同犯罪中均起主要作用，均是主犯，应当按照其所参与的全部犯罪处罚，被告人卢某属于作用较小的主犯，可以酌情从轻处罚。被告人罗某、施某、卢某具有坦白、认罪认罚、赔偿被害人经济损失并取得被害人谅解等情节，可酌情从轻处罚。被告人罗某、施某、卢某虽明知对方报警而留在现场，但留在现场的目的并非等待民警处理，而是继续滋事，殴打被害人，且在该过程中，被告人施某实施了阻挠对方报警的行为，被告人卢某实施了阻挠对方拍摄取证的行为。本案的寻衅滋事行为持续至民警赶至现场处警前两三分钟。三被告人不具有犯罪后将自己置于司法机关控制之下的主动性和自愿性，其到案经过不属于犯罪后自动投案的情形。故关于辩护人提出的被告人具有自首情节的辩护意见，不予采纳。

江苏省启东市人民法院根据《中华人民共和国刑法》第二百九十三条第一款第一项、第二十五条第一款、第二十六条第一款及第四款、第六十七条第三款，《中华人民共和国刑事诉讼法》第十五条之规定，作出如下判决：

一、被告人罗某犯寻衅滋事罪，判处有期徒刑一年；

二、被告人施某犯寻衅滋事罪，判处有期徒刑十一个月；

三、被告人卢某犯寻衅滋事罪，判处有期徒刑八个月。

罗某、施某对一审判决不服，向江苏省南通市中级人民法院提起上诉。江苏省南通市中级人民法院经审理，同意一审法院的裁判意见，遂依照《中华人民共和国刑事诉讼法》第二百三十六条第一款第一项的规定，作出如下裁定：

驳回上诉，维持原判。

【法官后语】

《中华人民共和国刑法》第六十七条第一款规定，犯罪以后自动投案，如实供述自己的罪行的，是自首。《最高人民法院关于处理自首和立功若干具体问题的意见》列举了多种视为“自动投案”的情形，其中包括“明知他人报案而在现场等待，抓捕时无拒捕行为，供认犯罪事实”的情形。“明知他人报案而在现场等待”在何种情况下可以认定为“自动投案”应当注意以下几点。

1. 结束犯意并终止不法行为是“自动投案”的应有之义

“自动投案”既是一般自首的前提条件，又是行为人认罪悔罪的表现之一，能反映出行为人将自己的不法行为交付司法处置，自愿接受刑事处罚的主观心态。行为人自动投案亦是对自己先前的不法行为的一种自我否定，因此结束犯意并终止不法行为显然是“自动投案”的应有之义。一般情况下，明知他人报警而在现场等候民警处理，可以认定为“自动投案”。如果明知他人报警，知晓民警即将赶到的情况下，虽留在现场但继续实施不法行为，说明行为人主观上并没有对自己先前不法行为的自我否定，而是无视执法，藐视法纪，显然不符合自首中关于“自动投案”规定的立法本意。本案中，被告人罗某、施某、卢某虽明知对方报警而留在现场，但是继续滋事，殴打被害人，寻衅滋事行为持续至民警赶至现场处警前两三分钟，说明被告人留在现场的目的并非等待民警处理。

2. 具有将自己置于司法机关控制之下的主动性和自愿性

“自动投案”要求行为人自主地留在现场，要体现投案的自愿性，要求行为人犯罪后主动将自己置于司法机关控制之下。为了毁灭证据而留在现场、为了继续作案留在现场或是在案发现场已无法逃跑被动等待民警处理的，都不能评价为主动、自愿地将自己交付法律制裁，故不能认定为“自动投案”。本案中，被告人施某实施了阻挠对方再次报警的行为，说明其不愿被法律制裁。被告人卢某实施了阻挠对方拍摄取证的行为，其目的是影响干扰证据的收集，亦不希望受到法律制裁。上述行为均说明被告人主观上具有逃避处罚的故意，显然不具有犯罪后将自己置于司法机关控制之下的主动性和自愿性，故不能认定为“自动投案”。

3. “自动投案”的目的是如实供述自己罪行并接受处理

一般自首要求同时具备两个要素：一是“自动投案”；二是“如实供述”。同时二者之间也存在内在的关联性，即“自动投案”要以“如实供述”为目的。行为人犯罪后去“自动投案”必定具有一定的目的性，即将自己主动置于司法机关的控制之下，并通过“如实供述”便于司法机关侦破及处理案件，节约司法资源，进而获得从轻或者减轻处理的机会。如果行为人犯罪后虽自动去公安机关接受调查，或者明知他人报警仍在现场等候，但归案后并未在第一时间如实供述自己的罪行，说明行为人是虚假投案，而非真正的“自动投案”，其“投案”的目的仍是心存侥幸，通过虚假供述进而逃避处罚。本案中，三被告人被民警带至公安机关后，均未能在第一时间如实供述自己或者同案犯的犯罪事实，说明被告人虽明知他人报警而留在现场，但不是为了等候民警处理，更不是为了如实供述并接受处罚，故被告人留在现场的行为不能认定为“自动投案”。

编写人：江苏省启东市人民法院 王麒锟

30

接到“公安机关安排的人”电话通知到案能否认定为自首

——祝某某等组织他人偷越国境案

【案件基本信息】

1. 裁判书字号

云南省昆明市中级人民法院（2022）云 01 刑终 352 号刑事判决书

2. 案由：组织他人偷越国境罪

【基本案情】

2010 年以来，被告人祝某某、盛某某向 A 国境内亲朋散布招工消息，为其经营的某酒庄招募员工。2017 年 3 月，被告人宰某 1、宰某 2 等结伙来到边境，隐瞒到昆明打工的目的办理了边境通行证，按照祝某某、盛某某的安排，从姐告口岸由 A 国进入中国芒市，并乘坐祝某某、盛某某驾驶的云 A8×××× 宝马轿车，从芒市经昆明西收费站到昆明，在芒市某酒庄打工。

2019 年 2 月 8 日，被告人祝某某、盛某某又用同样方式招募员工，被告人宰某 1、宰某 2 与另案处理的宰某 3 三人结伙来到中缅边境，隐瞒到昆明打工的目的办理了边境通行证，按照祝某某、盛某某的安排，从姐告口岸由 A 国进入中国芒市，并乘坐祝某某、盛某某驾驶的云 A8×××× 宝马轿车，从芒市经昆明西收费站到昆明，在芒市某酒庄打工至案发。

【案件焦点】

被告人祝某某受侦查人员安排，配合公安机关排查“三非人员”，电话通知被告人宰某 2、宰某 1 回店，被告人宰某 2、宰某 1 是否属于自动投案，继而成立自首。

【法院裁判要旨】

云南省昆明市西山区人民法院经审理认为：被告人祝某某、盛某某违反出入境管理法规，组织他人偷越国境且人数众多的行为，已构成组织他人偷越国境罪。被告人宰某1、宰某2等与他人结伙，仅持有外方因私边境地区入出境通行证，进入我国内地，偷越我国国境，情节严重，其行为构成偷越国境罪。宰某2犯罪时系已满十六周岁未满十八周岁的未成年人，依法应当从轻处罚。

云南省昆明市西山区人民法院依照《中华人民共和国刑法》第三百一十八条、第三百二十二条、第二十五条第一款、第二十六条之规定，作出如下判决：

一、被告人祝某某犯组织他人偷越国境罪，判处有期徒刑七年，并处罚金人民币10000元；

二、被告人盛某某犯组织他人偷越国境罪，判处有期徒刑四年零六个月，并处罚金人民币5000元；

三、被告人宰某1犯偷越国境罪，判处有期徒刑十个月，并处罚金人民币1000元；

四、被告人宰某2犯偷越国境罪，判处有期徒刑七个月，并处罚金人民币1000元。

云南省昆明市西山区人民检察院抗诉及昆明市人民检察院支持抗诉认为：祝某某配合公安机关排查“三非人员”，电话通知宰某1、宰某2回店，因此，祝某某具有立功情节，宰某1、宰某2成立自首（其他抗诉意见略）。

云南省昆明市中级人民法院经审理认为：二审检察机关调取的抓获经过、讯问宰某1的笔录显示，祝某某配合公安机关排查“三非人员”线索，电话通知宰某1、宰某2回店协助调查，属于“协助司法机关抓捕其他犯罪嫌疑人”，可以认定祝某某有立功表现，相应意见予以采纳。现有证据无法证实原审被告人宰某1、宰某2自动“投案”，主动接受司法机关审查，不成立自首。经审判委员会讨论决定，对一审判决刑期计算折抵错误进行纠正，其他判项予以维持。

【法官后语】

虽然现行法律及司法解释对自首认定的相关规定已经较为明确、具体，但司法实践中一审、二审法官基于类同事实和证据做出相反判断的案件屡见不鲜。《中华人民共和国刑法》第六十七条第一款规定，犯罪以后自动投案，如实供述自己的罪行的，是自首。由此可以看出，自首的认定需要满足两个条件：一是犯罪以后自动投案；二是如实供述自己的罪行。

一、自首中“边界事实”的存在导致自动投案认定困难

自动投案一般是指犯罪事实或者犯罪嫌疑人未被司法机关发觉，或者虽被发觉，但犯罪嫌疑人尚未受到讯问、未被采取强制措施时，主动、直接向公安机关、人民检察院或者人民法院投案。在这个概念中，自动是犯罪嫌疑人的主观意识，而投案则是基于这一主观意识所作出的外化行为反应。在一定程度上，意识是行为的主宰因素，因而自动投案的认定，关键在于判断犯罪嫌疑人的主观意识，即投案行为是否具有自动性。

犯罪嫌疑人投案的自动性，主要强调的是其个体的心理状态，这种心理状态主要表现在归案之目的，出于本人的意愿将自己置于司法机关或他人的控制之下。本人的意愿则是指犯罪嫌疑人在明知其投案后果的前提下，在自由意志的支配下对这一后果的自愿选择。而对是否出于本人意愿的认定，则需要通过一定的客观行为表现考察。换言之，主观意志支配客观行为，客观行为体现主观意志，投案的自动性既需要犯罪嫌疑人有将自身置于司法机关或个人控制之下的主观意愿，也需要有相应的行为对该主观意愿进行意思表示。

根据法律和司法解释的规定，成立自首要求具备三个要件，即除自动投案、如实交代罪行外，还需要具备接受国家审查和裁判这一要件。具体要求是：(1) 时间限定在犯罪分子实施犯罪行为之后，在未受到讯问、未被采取强制措施前；(2) 通常是基于本人的意志向有关机关或个人承认自己实施了犯罪行为；(3) 自愿将自己置于司法机关的控制之下，等待进一步交代犯罪事实。第一方面为时间限定性条件，后二者是自动投案的实质性条件。

二、因其他事由经电话通知后到案是否构成自动投案

自动投案的自动性主要基于犯罪嫌疑人的主观意识形态，因此，判断因其他事由或被诱骗等方式经电话通知后到案是否构成自首，也应该从犯罪嫌疑人的主观意识形态角度进行具体分析。犯罪嫌疑人在未被采取强制措施之前，明知自己的犯罪行为已被司法机关掌握，可能面临刑事制裁的情况下，虽然公安机关要通过诱骗等方式电话通知，但其选择配合到案，并如实供述犯罪事实，也符合投案的自动性，应当认定为自首。反之，犯罪嫌疑人在未被采取强制措施之前，不知道或者不确定其犯罪行为是否被司法机关掌握，当公安机关以其他事由或者电话诱骗等方式通知其到案，其到案行为与诱骗电话内容之间具有直接的因果联系。此种情况下，犯罪嫌疑人不具备投案的自动性，不应当认定为自首。这种对犯罪嫌疑人主观意识的判断，在实践中存在一定的操作难度，但并非不具有可操作性，重点在于对被告人供述的审查与判断。

本案中，二审检察机关提出原审被告人系上诉人电话通知到案，成立自首。结合本案事实，二审法院认为，原审被告人宰某1、宰某2不成立自首，主要理由在于：

第一，二人系自动到案，并非自动“投案”。讯问笔录证实，宰某3回店后并不知道要做什么事情，更不知道要接受警察调查；案发当天宰某1虽然称老板娘在电话里说派出所来查，但多名原审被告人均供述过从不担心被查处，因为老板娘祝某某说过，会保障他们的安全。所以，宰某1、宰某2没有将自己置于司法机关控制之下的投案心理，并非自动投案。

第二，二人系上诉人祝某某通知，并非司法机关直接电话通知。司法实践中，“电话通知到案认定自首”一般要求通知主体是司法机关，多为公安机关、监察机关等办案部门，从而确保犯罪嫌疑人具有愿意接受司法机关对涉案事实的调查的主观意图。

综上，现有证据无法证实原审被告人宰某1、宰某2自动投案，主动接受司法机关审查，不成立自首。

编写人：云南省昆明市中级人民法院　张金科

31

对自首的认定及协助组织卖淫犯罪罚金数额的确定

——陈某某协助组织卖淫案

【案件基本信息】

1. 裁判书字号

浙江省丽水市中级人民法院（2022）浙11刑终88号刑事判决书

2. 案由：协助组织卖淫罪

【基本案情】

2020年7月至2021年6月，吴某某（另案处理）通过网上招聘、朋友介绍等方式招募卖淫女，统一安排至×酒店等，以人民币400~800元不等的价格，向嫖客提供卖淫服务。2020年8月至2021年6月22日，留某某（另案处理）先后和吴某某、郝某某（另案处理）通过网上招聘、朋友介绍等方式招募卖淫女，统一安排至×酒店，以人民币400~1000元不等的价格，向嫖客提供口爆、性交等卖淫服务。留某某、吴某某、郝某某还雇用多名客服为其在网络上介绍嫖客。

2020年7月至2021年6月，被告人陈某某在明知留某某、吴某某等组织卖淫的情况下，仍受雇佣担任“客服”，在网络上招嫖，多次介绍他人到×酒店等地进行嫖娼，并以每单获取嫖资40%返利的形式进行牟利。经统计，被告人陈某某为留某某、郝某某、吴某某卖淫团伙介绍嫖客300余次，共计获利人民币66600余元。

另查明，被告人陈某某于2021年8月30日主动到公安机关投案，但并未如实供述自己的罪行。

【案件焦点】

1. 被告人陈某某是否构成自首的认定；2. 本案罚金数额如何确定。

【法院裁判要旨】

浙江省丽水市莲都区人民法院经审理认为：被告人陈某某明知他人组织卖淫而为其招募嫖娼人员，其行为已构成协助组织卖淫罪。被告人陈某某系坦白，已退清违法所得，当庭自愿认罪。据此，浙江省丽水市莲都区人民法院以协助组织卖淫罪，判处陈某某有期徒刑三年，并处罚金人民币 8 万元。

浙江省丽水市莲都区人民检察院提出抗诉，陈某某提出上诉。浙江省丽水市中级人民法院经审理认为：原判认定事实清楚，证据确实、充分，定罪准确，审判程序合法。唯罚金刑量刑偏轻，予以调整。抗诉机关建议改判的部分抗诉意见，予以采纳。被告人陈某某的上诉理由不成立，不予采纳。据此，判决如下：

一、驳回上诉人（原审被告人）陈某某的上诉；

二、撤销浙江省丽水市莲都区人民法院（2022）浙 1102 刑初 255 号刑事判决第一项中的量刑部分，维持判决的其余部分；

三、上诉人（原审被告人）陈某某犯协助组织卖淫罪，判处有期徒刑三年，并处罚金人民币 135000 元。

【法官后语】

本案的争议焦点在于陈某某是否构成自首以及罚金数额如何确定。

一、陈某某是否构成自首的认定

根据《中华人民共和国刑法》第六十七条第一款、《最高人民法院关于处理自首和立功具体应用法律若干问题的解释》的规定，认定自首要具备两个方面的法定构成要件，首先是“自动投案”，其次是“如实交代自己的主要犯罪事实”。本案中，陈某某于 2021 年 8 月 30 日到公安机关自动投案，具备主动性和自愿性；公安机关在陈某某投案前已掌握其协助组织卖淫的事实，但其在归案后只供述自己为留某某卖淫团伙介绍嫖客的事实，直到 2021 年 12 月 24 日第六次讯问时才开始如实供述自己还为吴某某卖淫团伙介绍嫖客的事实。因陈某某自动投案时只交代了部分协助组织卖淫犯罪事实，未交代情节程度相差不大的另外部分协助组织卖淫犯罪事实，不应认定为如实供述自己的主要犯罪事实，故不符合自首的法定构成要件，依法不认定为自首。

二、本案罚金数额如何确定

《中华人民共和国刑法》对部分罪名规定要判决并处罚金，但罚金的具体数额，法律或司法解释对有的罪名有倍数、数额规定，有的则没有。根据《最高人民法院、最高人民检察院关于办理组织、强迫、引诱、容留、介绍卖淫刑事案件适用法律若干问题的解释》第十三条的规定，犯组织、强迫、引诱、容留、介绍卖淫罪的，应当依法判处犯罪所得2倍以上的罚金。共同犯罪的，对各共同犯罪人合计判处的罚金应当在犯罪所得的2倍以上。上述司法解释未将协助的情节纳入范围，对于有明确规定的要严格依法判决，对于法无倍数、数额规定的，法官理应也可以根据具体案件的犯罪事实、情节等因素进行综合考量，按照犯罪所得1∶1来确定罚金数额。检察机关对此提出的抗诉意见是，该罪同属卖淫类犯罪，应当参照上述解释执行。另外，从其他法律法规的规定来看，存在参照规定的法律条款。《中华人民共和国刑事诉讼法》有“参照第一审程序的规定进行”等规定，《中华人民共和国民法典》有“参照有关规定”“参照市场价格”等规定。综上，协助组织卖淫罪的罚金数额一般应参照上述司法解释的规定，判处犯罪所得2倍以上的罚金。

编写人：浙江省丽水市莲都区人民法院　杨群勇　叶露

（三）数罪并罚

32

前罪剥夺政治权利未执行完毕是否与新罪数罪并罚

——蔡某某危险驾驶案

【案件基本信息】

1. 裁判书字号

福建省厦门市中级人民法院（2022）闽02刑终375号刑事裁定书

2. 案由：危险驾驶罪

【基本案情】

2021年4月12日23时许，被告人蔡某某酒后驾驶闽D9××××号小型轿车从厦门市海沧区某街道某广场出发，行驶至某村村口路段，后被告人蔡某某将车辆停放在该处，并乘坐载客摩托车前往某村东片××××号餐馆。当天23时23分许，公安机关接群众报警通知被告人蔡某某返回其停车处，后被告人蔡某某返回并被公安机关查获。经鉴定，被告人蔡某某血液中酒精含量为179.68毫克/100毫升，已达醉酒驾车标准。到案后，被告人蔡某某未如实供述上述犯罪事实。扣押在案的手机一部现已随案移送。

另查明，被告人蔡某某2011年3月15日因犯抢劫罪被广东省广州市中级人民法院判处有期徒刑十四年，剥夺政治权利四年，并处罚金人民币1万元，2020年6月12日刑满释放。截至本案判决作出之日，被告人蔡某某剥夺政治权利已执行二年三个月零八日，未执行一年八个月零二十二日。

【案件焦点】

1. 对新罪作出判决时，是否应当将未执行完毕的附加刑剥夺政治权利进行数罪并罚；2. 被告人在新罪判决前未被羁押的，如何确定前罪剥夺政治权利的停止计算日期。

【法院裁判要旨】

福建省厦门市海沧区人民法院经审理认为：被告人蔡某某在道路上醉酒驾驶机动车，其行为已构成危险驾驶罪。公诉机关指控的罪名成立。被告人蔡某某具有犯罪前科，可酌情从重处罚。被告人蔡某某在执行附加刑剥夺政治权利期间又犯新罪，依法应当数罪并罚。

福建省厦门市海沧区人民法院依照《中华人民共和国刑法》第一百三十三条之一第一款第二项、第六十九条、第七十一条之规定，判决如下：

一、被告人蔡某某犯危险驾驶罪，判处拘役二个月二十日，并处罚金人民币 3000 元；与前罪余刑剥夺政治权利一年八个月零二十二日并罚，决定执行拘役二个月二十日，剥夺政治权利一年八个月零二十二日，并处罚金人民币 3000 元；

二、扣押在案的手机一部，依法发还被告人蔡某某。

被告人蔡某某不服一审判决，提起上诉。福建省厦门市中级人民法院经审理同意一审法院裁判意见，并依照《中华人民共和国刑事诉讼法》第二百三十六条第一款第一项之规定，裁定如下：

驳回上诉，维持原判。

【法官后语】

本案中，被告人曾因犯抢劫罪被判处有期徒刑，主刑已执行完毕，在执行前罪附加刑剥夺政治权利期间又犯本案新罪，由此产生两个问题：（1）对新罪作出判决时，是否应当将未执行完毕的附加刑剥夺政治权利进行数罪并罚；（2）被告人在新罪判决前未被羁押的，如何确定前罪剥夺政治权利的停止计算日期。

1. 执行前罪附加刑剥夺政治权利期间又犯新罪是否应数罪并罚

对此存在两种不同意见：一种意见认为，应依照《中华人民共和国刑法》第七十一条的规定，予以数罪并罚。另一种意见则认为，可以不数罪并罚，应当继续执行前罪尚未执行完毕的剥夺政治权利，其主要理由在于：刑法有关数罪并罚的原则，一般是指对主刑的并罚，不应存在前罪的剥夺政治权利与后罪的有期徒刑并罚的问题，若被告人所犯新罪无须判处附加刑剥夺政治权利，完全可以径行对新罪作出判决；前罪尚未执行完毕的附加刑剥夺政治权利，既不能因犯新罪而停止执行，也不能因犯新罪而实际上延长、加重其刑期，而是以继续执行为妥。

对此，《最高人民法院关于在执行附加刑剥夺政治权利期间犯新罪应如何处理的批复》（以下简称《批复》）采纳了第一种意见，规定对判处有期徒刑并处剥夺政治权利的罪犯，主刑已执行完毕，在执行附加刑剥夺政治权利期间又犯新罪，如果所犯新罪无须附加剥夺政治权利的，依照《中华人民共和国刑法》第七十一条的规定数罪并罚。笔者赞同第一种意见，认为应当数罪并罚。首先，这符合《中华人民共和国刑法》第七十一条数罪并罚和第三十二条刑罚分类的规定要求。根据《中华人民共和国刑法》第七十一条的规定，判决宣告以后，刑罚执行完毕以前，被判刑的犯罪分子又犯罪的，应当对新犯的罪作出判决，把前罪没有执行的刑罚和后罪所判处的刑罚，依照《中华人民共和国刑法》第六十九条的规定，决定执行的刑罚。《中华人民共和国刑法》第三十二条规定，刑罚分为主刑和附加刑。因此，第七十一条刑罚执行完毕以前和前罪没有执行的刑罚中的“刑罚”，不仅包括主刑，也当然包括附加刑，附加刑未执行完毕的属于第七十一条中的“刑罚执行完毕以前”。其次，符合《中华人民共和国刑法》数罪并罚的有关规定。根据《中华人民共和国刑法》第六十九条第三款“数罪中有判处附加刑的，附加刑仍须执行”的规定，数罪并罚不仅包括主刑之间、附加刑之间的并罚，也可以包括主刑与附加刑的并罚。最后，符合剥夺政治权利执行时间的规定。根据《中华人民共和国刑法》的规定，附加剥夺政治权利的刑期，从徒刑、拘役执行完毕之日或者从假释之日起计算，不能与徒刑、拘役同时执行。

2. 如何计算前罪尚未执行完毕的剥夺政治权利的刑期

在明确此种情形需数罪并罚的基础上，司法实践中在作出判决时，必须明确前罪尚未执行完毕的附加刑剥夺政治权利的剩余刑期。实践中主要有以下不同意见：第一种意见认为，前罪附加刑剥夺政治权利，应从新罪的主刑有期徒刑执行之日起停止计算，如判决前先行羁押的，应从涉嫌犯新罪被羁押之日起停止计算。第二种意见认为，应从新罪一审判决之日起停止计算。第三种意见认为，应从新罪判决生效之日起停止计算。

《批复》第二条明确规定："前罪尚未执行完毕的附加刑剥夺政治权利的刑期从新罪的主刑有期徒刑执行之日起停止计算，并依照刑法第五十八条规定从新罪的主刑有期徒刑执行完毕之日或者假释之日起继续计算……"笔者认为，在具体适用该规定时，应当区分被告人在判决前是否被先行羁押的情况。一是对于判决前被先行羁押的，可从因涉嫌犯新罪被羁押之日起停止计算。这样可以与主刑刑期的实际起算时间一致。《批复》将羁押之日作为停止计算时间，便于计算剥夺政治权利的执行期间。二是对于判决前未予羁押的，可以将一审判决作出之日作为前罪剥夺政治权利停止计算的时间点，从而确定出尚未执行完毕的刑期。在新罪判决的有期徒刑执行之日前，都是前罪剥夺政治权利的执行期间，剥夺政治权利的依据只能是前罪的生效判决，而不能以新罪尚未作出的判决为依据。同时由于新罪的一审判决作出时，尚无法确定新罪的有期徒刑执行之日，也就无法确定一审时尚未执行完毕的剥夺政治权利的刑期。为了解决这一问题，在技术操作上，可以将一审判决作出之日作为前罪尚未执行完毕的剥夺政治权利停止计算的时间点，并将应当从尚未执行完毕的刑期中扣除的一审判决作出之日至新罪有期徒刑执行之日的期间，计算在新判决确定的剥夺政治权利的刑期以内。

本案中，被告人在本案新罪判决前未被羁押，笔者即按照上述思路，在判决中将一审判决作出之日作为前罪剥夺政治权利停止计算的时间点，从而确定出尚未执行完毕的刑期。

3. 司法实践中应当注意的问题

公诉机关在办理此类案件中，往往按照惯性思维，仅重视将前罪主刑在新罪案件中作为前科或累犯进行评价，却忽略了剥夺政治权利这一附加刑在尚未执行完毕的情况下又犯新罪应数罪并罚的特殊情形，进而导致适用法律错误的问题。在办理此类案件时应注意：一是重视调查取证。办案机关应重视调取被告人前罪裁判文书、释放证明等材料，准确查明前罪主刑刑满释放日期、附加刑剥夺政治权利期限等。二是加强沟通协调。加强与公诉机关的沟通，审判期间发现被告人前罪材料不全的，应及时通知公诉机关提供，并建议公诉机关根据被告人前罪执行情况明确指控的法律依据。三是准确适用法律。在查明前罪附加刑剥夺政治权利剩余刑期及停止计算日期的前提下，依照《中华人民共和国刑法》第六十九条、第七十一条之规定对被告人所犯新罪与前罪余刑进行数罪并罚。

编写人：福建省厦门市海沧区人民法院　卢建斌　尹志泉

33

“漏罪”发现时间应以确定犯罪嫌疑时间为准

——窦某某、张某某寻衅滋事案

【案件基本信息】

1. 裁判书字号

山东省济南市中级人民法院（2022）鲁 01 刑终 402 号刑事裁定书

2. 案由：寻衅滋事罪

【基本案情】

2018 年 12 月 25 日，山东省广饶县人民法院判决认定宋某某及被告人窦某某、张某某等组成的犯罪组织系恶势力犯罪集团，宋某某及被告人窦某某、张某某系组织成员，以寻衅滋事罪分别判处窦某某有期徒刑四年，张某某有期徒刑二年。经审查，宋某某（另案处理）、被告人窦某某、张某某等人参与的组织犯罪尚有以下遗漏犯罪事实：2017 年 6 月、7 月，宋某某接受融资担保公司的委托，将鲁 C8××××号奥迪车追回。宋某某获取了鲁 C8××××号奥迪车辆位置信息后，与被告人窦某某、张某某等到达济南市钢城区，在钢城区某商城东侧的某银行附近找到该车辆，被害人刘某某打开车门时，被告人窦某某、张某某等人随即跟随刘某某上车，并控制其人身自由，强行将鲁 C8××××号奥迪车开走，经鉴定，该车辆价值为 160000 元。

2017 年 7 月 22 日，被害人刘某某报警，侦查机关出具《受案登记表》。2020 年 7 月 3 日，侦查机关组织被害人刘某某对正在服刑的窦某某、张某某等人进行辨认，刘某某辨认出窦某某、张某某等人是参与抢车活动的行为人。2020 年 7 月 11 日，张某某前罪刑满释放。2020 年 7 月 24 日，侦查机关对本案立案侦查。2021 年 8 月 24 日，窦某某前罪刑满释放。

【案件焦点】

如何认定窦某某、张某某的“漏罪”发现时间。

【法院裁判要旨】

山东省济南市钢城区人民法院经审理认为：被告人窦某某、张某某强拿硬要公私财物，情节严重，其行为均已构成寻衅滋事罪。被告人窦某某、张某某具有自首情节，可以从轻处罚；与被害人达成协议，进行赔偿并取得谅解，可酌情从轻处罚。

山东省济南市钢城区人民法院依照《中华人民共和国刑法》第二百九十三条第一款第三项、第六十七条第一款之规定，以寻衅滋事罪分别判处被告人窦某某有期徒刑一年三个月，被告人张某某有期徒刑一年一个月。

张某某不服一审判决，以“其罪为漏罪，应当适用刑法第六十九条、第七十条的规定与前罪‘先并后减’”为主要理由提出上诉。

山东省济南市中级人民法院经审理认为：原审判决未依法数罪并罚，系法律适用错误，应予纠正。具体理由如下：第一，关于如何认定本案漏罪发现时间的问题。根据《中华人民共和国刑法》第七十条的规定，漏罪发现时间应当在判决宣告以后，刑罚执行完毕以前。本案中，侦查机关在2020年7月24日出具立案决定书，在此之前的2020年7月3日，侦查机关已组织被害人刘某某对窦某某、张某某等人进行辨认，是实质意义上的刑事侦查过程，刘某某辨认出窦某某、张某某等人是参与抢车活动的行为人，而自组织辨认至正式立案侦查期间，并无推动侦查工作取得进展的其他证据出现。故可以认定刘某某辨认出窦某某、张某某等人时，也即在2020年7月3日，窦某某与张某某已被确定具有犯罪嫌疑，其漏罪已被发现，因此，本案漏罪发现时间应确定为2020年7月3日，此时，窦某某与张某某的前罪原判刑罚均未执行完毕。第二，关于漏罪判决作出时间是否影响数罪并罚的问题。原审被告人窦某某的前罪刑满释放日期为2021年8月24日，上诉人张某某的前罪刑满释放日期为2020年7月11日，原审法院漏罪判决作出日期为2022年7月15日，也即，漏罪判决作出时前罪原判刑罚已经执行完毕。在判决宣告以后、刑罚执行完毕以前，发现漏罪，无论漏罪判决作出时前罪原判刑罚是否已执行完毕，均应依法实行数罪并罚，否则刑事诉讼的进度将直接影响被告人的量刑结果，法律适用会陷入不确定的状态之中。故即使本案原审漏罪判决作出时前罪原判刑罚已经执行完毕，仍应当依照《中华人民共和国刑法》第六十九条、第七十条的规定进行数罪并罚。

山东省济南市中级人民法院依据《中华人民共和国刑法》第二百九十三条第一款第三项、第六十七条第一款、第六十九条、第七十条，《中华人民共和国刑事诉讼法》第二百三十三条、第二百三十六条第一款第二项，《最高人民法院关于办理减刑、假释案件具体应用法律的规定》第三十四条之规定，判决如下：

一、维持山东省济南市钢城区人民法院（2022）鲁0117刑初110号刑事判决对窦某某、张某某的定罪部分，即被告人窦某某、张某某犯寻衅滋事罪；

二、撤销山东省济南市钢城区人民法院（2022）鲁0117刑初110号刑事判决对窦某某、张某某的量刑部分，即判处被告人窦某某有期徒刑一年三个月；判处被告人张某某有期徒刑一年一个月；

三、原审被告人窦某某犯寻衅滋事罪，判处有期徒刑一年三个月，与前犯寻衅滋事罪判处有期徒刑四年，数罪并罚，决定执行有期徒刑五年；上诉人张某某犯寻衅滋事罪，判处有期徒刑一年一个月，与前犯寻衅滋事罪判处有期徒刑二年，数罪并罚，决定执行有期徒刑二年十个月。

【法官后语】

对于已经被判处刑罚的罪犯，又发现有漏罪的，可能会涉及数罪并罚"先并后减"，会影响被告人的实际刑期，有些审判人员在对漏罪进行审理时会忽略这一问题。

《中华人民共和国刑法》第七十条规定漏罪发现时间要在"判决宣告以后，刑罚执行完毕以前"，而关于何时为"发现"时间，并无明确规定。一般情况下，侦查机关在立案时基本掌握了犯罪嫌疑人的犯罪事实，刑事立案是一个明确、客观的法律标准，以刑事立案时间作为漏罪发现时间较为合理且容易操作。但是，刑事立案时间与确定犯罪嫌疑时间有时并不一致。第一种情形是刑事立案时间早于确定犯罪嫌疑时间，刑事立案分为对人立案和对事立案，有些案件中，侦查机关在对事立案后，需要通过进一步的侦查活动来确定犯罪嫌疑人。第二种情形是刑事立案时间晚于确定犯罪嫌疑时间，本案即是此种情形，有些侦查机关虽然确定了正在服刑的人员有犯罪嫌疑，但出于方便侦查的考虑，会等其刑罚执行完毕后再进行刑事立案。我们认为，在上述刑事立案时间与确定犯罪嫌疑时间不一致的情形中，应当以确定犯罪嫌疑这一实质标准对刑事立案时间进行一定补强，综合认定漏罪发现的时间。

其一，从文义解释的角度来看，《中华人民共和国刑法》第七十条规定"发现被判刑的犯罪分子在判决宣告以前还有其他罪没有判决的"，其基本要素可以简化为"发现某人犯某罪"，并未对发现程序等进行具体的限定。故，犯罪事实及与之对应的犯罪嫌疑人均被有权机关（公诉案件中通常为侦查机关）"发现"后，即在实质上满足了该条的规定，这一时间就是确定犯罪嫌疑的时间。

其二，从适用后果的妥当性来看，立案作为刑事侦查活动的一个重要节点，一般较为客观，但也不排除其会受人为因素的干扰，如果机械地将立案时间作为漏罪发现时间，可能会在个案中得出明显不当的结论。以本案为例，2020 年 7 月 11 日，张某某前罪刑满释放；2020 年 7 月 24 日，侦查机关对本案立案侦查；2021 年 8 月 24 日，窦某某前罪刑满释放。如果以刑事立案时间为漏罪发现时间，也即 2020 年 7 月 24 日，那么窦某某前罪刑罚尚未执行完毕，符合“判决宣告以后，刑罚执行完毕以前”的时间条件，应当依据《中华人民共和国刑法》第六十九条、第七十条的规定数罪并罚后“先并后减”，而张某某漏罪被发现时前罪刑罚已经执行完毕，不符合第七十条的规定，只能并科。换言之，前罪更为严重、被判处刑期更长的窦某某可以享受限制加重的利益，而张某某却因侦查机关的迟延立案，无法享受前述利益，有失公正。若以 2020 年 7 月 3 日确定两名被告人犯罪嫌疑之日作为漏罪发现时间，两名被告人都可以依据刑法第六十九条、第七十条的规定数罪并罚后“先并后减”，享受到限制加重的利益，更有利于被告人且可以做到实质意义上的量刑均衡。

事实上，刑事立案时间与确定犯罪嫌疑时间是形式标准与实质标准的关系，一般情况下，两个时间点处于重合状态，在特殊情形下，形式标准与实质标准出现错位，应视具体情况运用实质标准对形式标准进行补强，从有利于被告人的角度出发，尽可能实现个案公正。本案中，侦查机关在正式出具立案决定书前，已对本案进行受理并进行了大量的侦查工作，取得了大部分移送审查起诉的证据，并通过组织被害人对窦某某、张某某进行辨认，最终确定了窦某某、张某某的犯罪嫌疑，故以辨认时间作为漏罪发现时间更符合《中华人民共和国刑法》第七十条的立法原意，同时也能实现两名被告人量刑均衡的效果。

编写人：山东省济南市中级人民法院　杨晓庆

34

累犯、漏罪、撤销缓刑与数罪并罚的认定

——孟某某票据诈骗案

【案件基本信息】

1. 裁判书字号

山东省沂源县人民法院(2021)鲁0323刑初413号刑事判决书

2. 案由:票据诈骗罪

【基本案情】

2014年春节前后,被告人孟某某与方某某(已判决)合谋通过变造票据骗取钱财用于其二人偿还欠款、发放工人工资、个人消费等。在山西省侯马市、山东省博山区等地尝试诈骗无果后,2014年2月13日,被告人孟某某在明知方某某(已判决)所持面额为300万元的银行承兑汇票(出票人为物资公司,收款人为贸易公司)是经变造而来的情况下,为骗取钱财,达到汇票变现之目的,被告人孟某某利用赵某某急用钱的心理以及赵某某能在某银行办理承兑汇票抵押贷款之便利条件,指使赵某某利用其玻璃纤维公司所有的厂房做担保向某银行办理抵押贷款变现,赵某某手持该张经变造的银行承兑汇票以及方某某(已判决)伪造的贸易公司公章、法人章(周某某印)、贸易公司财务专用章到某银行沂源支行办理承兑汇票抵押贷款时,被银行工作人员发现承兑汇票有改动未能得逞。经某银行沂源支行票据审验人员通过票据鉴定仪和手工鉴别后,鉴定该银行承兑汇票系变造。

被告人孟某某因犯诈骗罪,于2018年10月30日被博山区人民法院判处有期徒刑一年,缓刑两年,并处罚金人民币25000元,缓刑考验期自2018年11

月10日至2020年11月9日。被告人孟某某认罪认罚，并自愿签署了认罪认罚具结书。

【案件焦点】

累犯、漏罪、撤销缓刑与数罪并罚的认定。

【法院裁判要旨】

山东省沂源县人民法院经审理认为：被告人孟某某在缓刑考验期内发现判决宣告以前还有其他罪没有判决，应当撤销缓刑，实行数罪并罚；被告人孟某某系犯罪未遂，依法可以比照既遂犯减轻处罚；被告人孟某某归案后如实供述自己的罪行，具有坦白情节，依法可以从轻处罚；被告人孟某某认罪认罚，依法可以从宽处罚。被告人孟某某犯诈骗罪的缓刑考验期现已届满，但缓刑考验期届满前公安机关于2014年2月13日已经立案侦查孟某某涉嫌犯票据诈骗罪，且被告人孟某某故意隐瞒涉嫌犯票据诈骗罪被公安机关立案侦查的事实，故依法撤销缓刑，实行数罪并罚。据此，判决：

撤销山东省淄博市博山区人民法院（2018）鲁0304刑初81号刑事判决中对罪犯孟某某犯诈骗罪，判处有期徒刑一年，缓刑二年的缓刑部分，收监执行有期徒刑一年；被告人孟某某犯票据诈骗罪（未遂），判处有期徒刑二年，并处罚金人民币10万元；决定执行有期徒刑二年六个月，并处罚金人民币10万元。

一审判决后，被告未提起上诉，检察机关未提起抗诉，该判决已发生法律效力。

【法官后语】

本案主要涉被告人因诈骗罪在宣告缓刑以前，被告人涉嫌票据诈骗罪被其他公安机关发现并立案侦查，因被告人隐瞒该事实没有并案审理。现缓刑考验期满，公诉机关对票据诈骗罪提起公诉。简单说就是不是在缓刑考验期内发现漏罪，而是在宣告缓刑前就发现漏罪，这种情况是否应当撤销缓刑，数罪并罚。

一、缓刑考验期的意义及撤销

(一) 缓刑的意义

缓刑考验期又称为缓刑期间，它是对受缓刑人进行考验所需要的时间，表明缓刑的开始和结束，只有当这个期限届满而受缓刑之人未再犯新罪或违反其他应遵守的条件时，才宣告缓刑结束并发生刑罚消灭的效果。从一定意义上来讲，缓刑考验期是对被宣告缓刑人的一种保护，若无此规定，被告人就处于无期限的考验之中，时时刻刻受到原判刑罚的威慑，这对受缓刑人来说是不公平的，有悖于缓刑的旨意。

缓刑考验期是缓刑运作的时间限制，当缓刑犯在缓刑考验期内没有再犯新罪，也没有违反应当遵守的条件以及其他可能影响缓刑的行为，缓刑考验期届满缓刑即告结束，缓刑结束即意味着缓刑考验期后的处理开始。

在我国刑法理论界，关于缓刑考验期届满，刑罚就不再执行的问题也存在争论。肯定者认为，不再执行原判刑罚，也就是执行完毕，是一种特殊形式的执行。缓刑只不过是刑罚执行方式的变更，即对缓刑犯不采取收监执行的方式，因此缓刑考验期届满不是原判刑罚免予完毕，而应该为原判刑罚的执行完毕。否定者认为，不再执行，就等于没有执行，更不存在执行完结的问题。肯定者与否定者的论述各有千秋，但两者的争论都沉湎于对词义的分解与组合所传达出来的含义，而忽略了《中华人民共和国刑法》规定的缓刑制度的本体以及有关司法解释精神。我国的缓刑制度是采取的执行犹豫主义，这与世界绝大多数缓刑立法是一致的，因此根据我国刑法的规定以及相关司法解释，我国缓刑制度中的“不再执行原判刑罚”可作如下理解：(1) 在缓刑考验期内是有条件的不再执行原判刑罚，即原判处的主刑暂缓执行，没有剥夺犯罪分子的自由。缓刑不是刑罚执行方式及场所的变更，它既不是由监内执行改为监外执行，也不是以较轻刑种代替较重刑种。缓刑考验是刑罚犹豫执行期，不是免除刑罚，在缓刑考验期内仍然保持着执行原判刑罚的可能性，一旦撤销缓刑，缓刑考验期就不能折抵刑期了。(2) 缓刑考验期内如果没有再犯新罪或者未发现判决宣告以前还有其他罪没有判决的，缓刑期届满后的法律性质是原判刑罚不再执行，即免除原判刑罚的执行，但定罪与判刑的客观事实依然存在，因此原判刑罚就不再执行，仅意味着刑罚执行权的消灭，它是我国现行刑事立法当中着眼于一般预防的重要表现。

（二）缓刑的撤销

因犯新罪而被撤销缓刑，就需要对新罪作出判决。根据我国《刑法》规定，被宣告缓刑的犯罪分子，在缓刑考验期内再犯新罪，就应当撤销缓刑，把前罪和后罪所判处的刑罚，依照《刑法》第六十九条的规定，数罪并罚，决定执行的刑罚。即使是在缓刑考验期满后，才发现该罪犯在缓刑考验期内所犯的新罪，如未超过追诉时效期限的，也应当按照《刑法》第七十七条的有关规定执行。缓刑犯因再犯新罪撤销缓刑的应由审判新罪的人民法院在审判新罪时，对前罪宣告的缓刑予以撤销。如果原来是上级法院宣判缓刑的，审判新罪的下级法院也可以撤销原判宣告的缓刑，并将前罪和后罪所判处的刑罚，依照《刑法》第六十九条的规定，决定执行刑罚，但是不能改变原判刑罚，也不能撤销原判决。在缓刑考验期内发现，被宣告缓刑的犯罪分子，在缓刑宣告以前还有其他罪没有判决的，应当参照《刑法》第七十七条的规定，并依照《刑法》第七十条的规定，对漏罪定罪判刑，再对前罪与漏罪实行数罪并罚，决定执行的刑罚。如果必须判处实刑，则应撤销对前罪所宣告的缓刑，已经执行的缓刑考验期，不予折抵刑期，但是，判决执行以前先行羁押的日期应当予以折抵刑期，如果仍然符合缓刑条件，仍然可以宣告缓刑，已经执行的缓刑考验期，应当计算在新决定的缓刑考验期内。此外，缓刑的撤销，不影响附加刑，即缓刑的效力不及于附加刑，被宣告缓刑的犯罪分子，如果被判处附加刑的，附加刑仍须执行。

二、数罪并罚的几种情况

（一）判决宣告以前一人犯数罪并均已被发现的并罚

判决宣告以前一人犯数罪，并均已被发现的，这是数罪并罚的基本形式。其基本特征是：(1) 一人犯数罪；(2) 所犯数罪是在判决宣告以前实施并且已经被发现的；(3) 在对各罪分别定罪量刑的基础上，依照《刑法》第六十九条的规定，决定对犯罪人应执行的刑罚。

（二）判决宣告以后刑罚执行完毕以前发现漏判之罪的并罚

“漏罪”是指判决宣告以前一人犯有数罪，在对其他罪作出判决时未被发现的罪。根据《刑法》第七十条的规定，判决宣告以后刑罚还没有执行完毕以前，发现被判刑的犯罪人在判决宣告以前还犯有其他罪没有判决的，应当对新发现的罪作出判决，把前罪判决所判处的刑罚与新发现之罪所判处的刑罚，按照《刑法》第六十九条的规定，决定执行的刑罚。已经执行的刑期应当计算在新判决决定执行的刑期以内。这种数罪并罚具有以下几个特征：(1) 判决宣告以前行为人犯有数罪。(2) 宣告判决时只发现了数罪中的部分犯罪。(3) 在判决宣告以后刑罚执行完毕以前发现漏判之罪。“刑罚执行完毕以前”具体包括三种情形，即刑罚实际执行期间、缓刑考验期间、假释考验期间。(4) 把前罪所判处的刑罚与新发现的罪所判处的刑罚进行并罚，然后再减去已执行的刑期，以剩余的刑期作为继续执行的刑期，即按照“先并后减法”决定应执行的刑罚。

判决宣告以后刑罚执行完毕以前发现漏判之罪的，具体并罚时会遇到两个问题：

一是对数罪并罚后刑罚执行过程中又发现漏罪的应当如何并罚？即漏判之罪的刑罚是与原判数罪的刑罚并罚，还是与原判决定执行的刑罚并罚？笔者认为，应与原判决定执行的刑罚并罚。因为，根据《刑法》第七十条的规定，是把前后两个判决所判处的刑罚，依照《刑法》第六十九条的规定，决定执行的刑罚。这一规定表明是将两个判决所判处的刑罚进行并罚。原判所作出的数罪并罚的决定，是已经发生法律效力的判决，发现漏判之罪不是撤销或改判已判决的法定理由。将漏判之罪所判处的刑罚与原判决中数罪被判处的刑罚并罚，实际上等于说原判决执行的刑罚无效，明显违背了法律的有关精神规定。

二是对刑罚执行过程中发现数个漏罪的应如何并罚？有的认为，应当对新发现的数个漏罪分别定罪量刑合并处罚后，再把对前罪所判处的刑罚与对新发现的数个漏罪并罚后的刑罚，依照《刑法》第六十九条的规定决定执行的刑罚。但笔者认为应当对新发现的数个漏罪分别定罪量刑，然后将各自判决的刑罚与前罪所判处的刑罚，依照《刑法》第六十九条的规定决定执行的刑罚。因为该条规定，应当在总和刑期以下、数罪中最高刑期以上，酌情决定执行的刑期。如按照《刑法》第一种说法，就不是在数罪中最高刑期以上，而是在数个漏罪并罚后决定执行的刑期或原判刑期以上，总和刑期以下，酌情决定应执行的刑期，这与法律的规定不符。

（三）判决宣告以后刑罚执行完毕以前又犯新罪的并罚

罪犯在服刑期间，不思悔改，继续实施危害社会的犯罪行为，表明其主观恶性深、人身危险性大，我国《刑法》虽然没有规定对新犯之罪从重处罚，但在数罪并罚的方法上与判决宣告以前犯数罪的有着明显的区别。根据《刑法》第七十一条的规定，判决宣告以后，刑罚还没有执行完毕以前，被判刑的罪犯又犯罪的应当对新罪作出判决，把前罪没有执行完的刑罚与后罪所判处的刑罚，依照第六十九条的规定，决定执行的刑罚。但是已经执行的刑期不计算在新判决决定的刑期以内。这种先减去已执行的刑罚，然后将尚未执行的刑期和新判的刑期并罚，从而确定应执行的刑罚的方法，简称为“先减后并”的方法，这种方法与前述“先并后减法”表现出明显的从严精神。因为按照此方法，罪犯实际执行刑罚的最低期限可能比“先并后减”实际执行刑罚的最低期限高，或者至少相等。而且按照此方法，罪犯实际执行的刑罚，有期徒刑、拘役、管制的刑期可能分别超过数罪并罚的最高刑期。

对刑罚执行期间既发现漏罪又犯有新罪的应如何并罚？有的认为应对发现的漏罪作出判决，与原判刑罚按照《刑法》第六十九条规定的原则，确定应执行的刑罚，然后对新犯之罪作出判决，再与前两个判决所决定刑罚中尚未执行的刑罚并罚，决定执行的刑罚；有的认为应先对漏罪和新犯之罪分别定罪量刑，将两罪所判处的刑罚，按照《刑法》第六十九条规定的原则，酌情决定执行的刑罚，然后以此判决作为一个新判决，与原判所判处的刑罚并罚，酌情决定应执行的刑罚，再减去已执行的刑罚，从而确定应继续执行的刑罚；还有的认为应对漏罪和新犯之罪分别判刑，按照《刑法》第六十九条规定的原则，酌情决定执行的刑罚，再减去原判刑罚中已经执行的刑罚，即为应继续执行的刑罚；再有的认为应先对漏罪和新罪分别判刑，然后将新罪所判处的刑罚与原判刑罚，按照“先并后减”的方法并罚，酌情决定执行的刑罚，再将此作为一个新判决，与漏罪所判处的刑罚，按照第六十九条规定的原则，酌情决定执行的刑罚即为应继续执行的刑罚。

笔者同意第一种观点，因为漏罪属于罪犯判决宣告以前实施的犯罪，本应与原判决的犯罪一并处理，只是由于当时未能发现才未作处理，一旦发现，理应首先与原判刑罚并罚，再考虑新罪并罚的问题。

对刑罚执行完毕以后又犯新罪，发现被告人在前罪判决前或者在前罪刑罚执行期间，犯有其他罪没有处理的，应当如何处理？有的认为应按前罪的刑罚尚未执行完毕以前的情况处理，实行数罪并罚；有的认为将新罪与发现的漏罪进行并罚即可。笔者认为在处理被告人刑满释放后又犯罪的案件时，发现他在前罪判决宣告以前或者前罪判处的刑罚执行期间，又犯有其他罪行，尚未处理的，并且应当追诉的，如果漏罪与新罪分属于不同种的罪，即应对漏罪与刑满释放后又犯的新罪分别定罪量刑，并实行数罪并罚。

三、前罪判决之前发现漏罪，并且法院作出判决时原判刑罚已经执行完毕的（包括缓刑考验期届满），应当适用漏罪数罪并罚的原则处理

虽然刑罚执行期间已发现漏罪，但对漏罪作出判决时前罪原判刑罚已经执行完毕，对此类情况如何处理，是否需要数罪并罚存在不同认识。一种意见认为，本案漏罪作出判决时，前罪原判刑罚已经执行完毕，不需要再将漏罪判处的刑罚与前罪原判处的刑罚实行数罪并罚，直接将漏罪判处刑罚即可。另一种意见认为，应当将漏罪判处的刑罚和前罪原判的刑罚按照《刑法》第七十条和第六十九条的规定实行数罪并罚。

笔者同意第二种意见。产生分歧的主要原因在于如何界定“发现”的时间节点。第一种意见认为，“发现”是指公安机关对犯罪事实立案侦查，并有相关证据证明服刑犯实施了犯罪事实，即将服刑犯确定为犯罪嫌疑人；第二种意见认为，“发现”的时间范围以司法机关有证据证明漏罪事实为服刑本人所为

起算，即经过移送起诉、提起公诉阶段，直至漏罪判决之前的这段时间；第三种意见认为，“发现”的主体仅指法院，因为只有法院才能认定行为人是否有罪及作出相应判决。笔者认为，“发现”不等于“宣判”，不能以审判标准要求漏罪“发现”的条件。如果以法院判决宣告有罪作为发现“漏罪”的条件，则由于侦查、审查起诉、审判等诉讼时间较长，若前罪剩余刑期较短时，很可能导致漏罪不能与前罪并罚，从而加重对犯罪分子的处罚。从法律条文的规定及词语本身含义来看，“发现”的条件应当指公安机关收集到的犯罪证据指向犯罪分子有作案嫌疑，即锁定犯罪嫌疑人的时间为发现时间。发现漏罪一是确立了实行数罪并罚法律规定的基本前提，二是确立了发现漏罪时间作为前罪原判刑罚执行的节点，即发现漏罪之前为前罪原判刑罚已执行的刑罚，发现漏罪之后为前罪原判刑罚未执行的刑期。因此，发现漏罪之后所羁押的时间应在数罪并罚确定的刑罚期间内予以折抵。本案中，虽然被告人孟某某诈骗罪的缓刑考验期已经完结，但孟某某犯票据诈骗罪，公安机关 2014 年 2 月 13 日就已经立案侦查，即本案在诈骗罪宣判以前就已经发现，发现处于一个持续状态，也就是说在缓刑考验期内也是一个发现状态，故本案属于缓刑考验期内发现判决宣告以前还有其他罪没有判决，原则上应按照《刑法》第七十七条，撤销缓刑，实行数罪并罚。被告人孟某某隐瞒票据诈骗的事实，致使本应并案审理数罪并罚，不符合缓刑适用条件的两起案件未能并案，并且诈骗罪一案适用了缓刑，说明被告人孟某某主观恶性较大，认罪悔罪态度较差，笔者按照此意见对该案作出判决。

编写人：山东省沂源县人民法院　孟强

35

两个以上单位犯罪同一直接责任人同种罪名如何数罪并罚

——贸易公司等虚开增值税专用发票案

【案件基本信息】

1. 裁判书字号

广西壮族自治区梧州市中级人民法院（2022）桂04刑终117号刑事裁定书

2. 案由：虚开增值税专用发票罪

【基本案情】

贸易公司于2006年11月7日成立，经营范围有机械设备、五金产品等批发、零售，机械设备租赁服务，货物或技术进出口等。一般纳税人资格自2017年7月起生效。

某公司于2015年5月29日成立，经营范围有机械设备、五金产品等批发、零售，机械设备租赁服务，货物或技术进出口等。一般纳税人资格自2016年5月起生效。

2018年至2020年，贸易公司、某公司在无真实货物交易的情况下，分别与吴某（另案处理）经营的建筑工程公司、建设公司和黄某（另案处理）经营的机械租赁公司签订虚假的购销合同，以收取手续费的方式，为建筑工程公司、建设公司、机械租赁公司虚开增值税专用发票，并将收取的手续费用于贸易公司、某公司缴纳其他税款等。被告人孙某作为贸易公司、某公司的负责人，明知在没有真实交易的情况下，为其他公司开具增值税专用发票。被告人吴某作为贸易公司、某公司的出纳，明知实施的是虚开增值税专用发票行为，仍然草拟虚假购销合同，并提供自己的个人账户收取开票手续费用、进行资金回流走账等，为其他公司开具增值税专用发票。具体如下：

1. 贸易公司为建筑工程公司虚开61份增值税专用发票，税额690725.59元；为建设公司虚开461份增值税专用发票，税额5260194.74元；为机械租赁公司虚开443份增值税专用发票，税额5493042.05元。贸易公司开具的上述共965份增值税专用发票上注明的增值税额（进项税额）合计11443962.38元，已全部被下游受票企业建筑工程公司、建设公司、机械租赁公司用于实际抵扣销项税额，直接给国家造成增值税税款损失11443962.38元。

2. 某公司为建筑工程公司虚开2份增值税专用发票，税额15300.88元；为建设公司虚开393份增值税专用发票，税额4522044.35元；为机械租赁公司虚开169份增值税专用发票，税额1786518.31元。某公司开具的上述共564份增值税专用发票上注明的增值税额（进项税额）合计6323863.54元，均已被下游受票企业建筑工程公司、建设公司、机械租赁公司用于实际抵扣销项税额6318626.37元，尚有5237.17元未抵扣，直接给国家造成增值税税款损失6318626.37元。

案发后，孙某、吴某被公安机关抓获归案。除机械租赁公司补缴增值税人民币2899868.08元，建设公司补缴增值税人民币50万元外，剩余税款未退缴。

【案件焦点】

1. 被告单位和被告人是否构成虚开增值税专用发票罪；2. 本案是否存在数罪并罚；3. 本案单位内部的直接责任人之间是否区分主从犯；4. 两个单位犯罪，对涉及的同一直接责任人如何定罪量刑、如何数罪并罚。

【法院裁判要旨】

广西壮族自治区梧州市万秀区人民法院经审理认为：对被告单位某公司的辩护人和被告人孙某、吴某及辩护人提出被告单位和被告人不构成虚开增值税专用发票罪的意见和理由，经查，被告单位贸易公司于2006年成立，被告单位某公司于2015年成立，先后取得一般纳税人资格，主要经营挖掘机等机械设备零售等，二被告单位均是具有法人资格的公司。贸易公司、某公司虽然已将其为下游受票企业建筑工程公司、建设公司、机械租赁公司虚开增值税专用发票收入向税务机关全部进行了申报，但贸易公司、某公司通过与下游受票企业签订虚假购销合同，在没有向下游受票企业售卖机械设备真实交易的情况下，为下游受票企业虚开大量增值税专用发票，且虚开的增值税专用发票上注明的增值税额（进项税额）全部被下游受票企业用于抵扣销项税额，直接给国家造成增值税税款损失。贸易公司、某公司的负责人孙某明知在没有真实交易的情况下，以被告单位名义为其他公司开具增值税专用发票，体现被告单位的意志。贸易公司、某公司为下游受票企业虚开增值税专用发票，并将收取的手续费用于贸易公司、某公司缴纳其他税款，违法所得归单位所有，贸易公司、某公司构成单位犯罪。被告人孙某作为贸易公司、某公司的负责人，明知在没有真实交易的情况下，为其他公司开具增值税专用发票；被告人吴某作为贸易公司、某公司的出纳，明知实施的是虚开增值税专用发票行为，仍然草拟虚假购销合同，并提供自己的个人账户收取开票手续费用、进行资金回流走账等，为其他公司开具增值税专用发票，故孙某作为单位犯罪的直接负责的主管人员，吴某作为单位犯罪的直接责任人员，均应承担相应的刑事责任。故，被告单位贸易公司、某公司违反增值税专用发票管理规定，在无真实货物交易的情况下，为他人虚开增值税专用发票，虚开的税款数额巨大，二被告单位的行为已构成虚开增值税专用发票罪。被告人孙某、吴某分别作为直接负责的主管人员、直接责任人员，应当以虚开增值税专用发票罪追究刑事责任。

对被告人孙某、吴某的辩护人提出不存在数罪并罚的辩护意见，经查，本案是单位犯罪，不同于自然人犯罪。单位犯罪的刑事责任归属于单位，单位犯罪的主体是单位而不是直接责任人。被告人孙某、吴某分别作为被告单位贸易公司、被告单位某公司直接负责的主管人员和直接责任人员，构成虚开增值税专用发票罪，系以二被告单位均分别构成虚开增值税专用发票罪为前提，故被告人孙某、吴某虽然触犯的是同种罪名，但应当根据二被告单位的犯罪数额及情节分别评价被告人孙某、吴某所承担的刑事责任，继而进行数罪并罚。

对辩护人提出被告人孙某、吴某是从犯的辩护意见，经查，法律规定虚开增值税专用发票是指“有为他人虚开、为自己虚开、让他人为自己虚开、介绍他人虚开行为之一的”，被告单位和被告人为他人虚开增值税专用发票的行为构成犯罪，无须跟他人构成共同犯罪区分其地位作用。单位与单位内部的直接责任人之间是整体与部分的关系，孙某是单位犯罪的直接负责的主管人员，吴某是单位犯罪的直接责任人员，应根据二被告人在单位犯罪中的地位、作用和犯罪情节处以相应的刑罚。二被告人在本案中不是主、从犯关系，不区分主、从犯。

对于公安机关冻结的银行账户，经查，被告人孙某供认其将名下所有银行卡交由吴某管理和操作，且用于接收货款。被告人吴某亦供认孙某的个人银行账户用于公司业务，其也提供个人银行账户用于被告单位收取开票手续费用、进行资金回流走账等，经查实相关银行账户存款余额是被告单位的款项，存款余额应作为被告单位的款项处置。冻结的其他银行账户内存款，现有证据未能证实系被告单位的款项，由公安机关依法处理。

广西壮族自治区梧州市万秀区人民法院判决如下：

一、被告单位贸易公司犯虚开增值税专用发票罪，判处罚金人民币 50 万元；

二、被告单位某公司犯虚开增值税专用发票罪，判处罚金人民币 45 万元；

三、被告人孙某犯虚开增值税专用发票罪（贸易公司），判处有期徒刑十年；犯虚开增值税专用发票罪（某公司），判处有期徒刑十年，决定执行有期徒刑十五年；

四、被告人吴某犯虚开增值税专用发票罪（贸易公司），判处有期徒刑十年；犯虚开增值税专用发票罪（某公司），判处有期徒刑十年，决定执行有期徒刑十五年；

五、公安机关冻结被告单位相关银行账户存款及孳息充抵对被告单位所判处的罚金，不足部分继续追缴；冻结被告人部分相关银行账户存款及孳息充抵对被告单位所判处的罚金；公安机关扣押的其他物品和冻结的其他银行账户，由公安机关依法处理。

孙某、吴某不服一审判决，提起上诉。

广西壮族自治区梧州市中级人民法院同意一审法院裁判意见，裁定：

驳回上诉，维持原判。

【法官后语】

增值税专用发票是指国家税务部门根据增值税征收管理需要，兼记货物或劳务所负担的增值税税额而设定的一种专用发票。增值税专用发票不仅具有其他发票所具有的记载商品或者劳务的销售额以作为财务收支记账凭证的功能，而且是兼记销货方纳税义务和购货方进项税额的主要依据，是购货方据以抵扣税款的证明。本案被告单位贸易公司于2006年成立，某公司于2015年成立，先后取得一般纳税人资格。本案涉及的受票公司也具有一般纳税人资格。一般纳税人是指年应征增值税销售额超过国务院财政、税务主管部门规定的小规模纳税人标准的纳税人。一般纳税人与小规模纳税人相比，一般纳税人按照规定的税率计算纳税，并可凭进货发票进行税款抵扣。正因增值税专用发票具有可以抵扣税款的功能，一些不法单位或个人为牟取暴利，利用虚开增值税专用发票骗取国家税款，给国家财政收入造成重大损失。虚开增值税专用发票犯罪是行为犯，《中华人民共和国刑法》第二百零五条第一款是对自然人犯该罪的处刑，第二款是关于单位犯该罪的处刑，规定采取双罚制，即对单位判处罚金，同时规定对单位直接负责的主管人员和其他直接责任人员的处刑。虚开增值税专用发票罪的危害，实质在于通过虚开行为骗取抵扣税款。本案被告单位贸易公司、某公司是在与受票公司没有商品交易活动的情况下，利用所持有的增值税专用发票，采用无中生有的手段，为下游受票公司虚开增值税专用发票，被下游受票企业用于实际抵扣销项税额，直接给国家造成增值税税款损失。下游受票公司要求他人为自己虚开增值税专用发票用于认证抵扣销项税额，骗取抵扣税款，也是虚开增值税专用发票犯罪行为。

贸易公司、某公司单位犯罪，对涉及的同一直接责任人孙某、吴某如何定罪量刑、如何数罪并罚是本案的焦点之一。

1. 本案如何区分自然人犯罪与单位犯罪中直接责任人员的罪责

根据《中华人民共和国刑法》和《最高人民法院关于审理单位犯罪案件具体应用法律有关问题的解释》的规定，以单位名义实施犯罪，违法所得归单位所有的，是单位犯罪。被告单位贸易公司、某公司成立至案发，主要经营挖掘机等机械设备零售等，有申报、进口挖掘机，对其开具的增值税专用发票收入也向税务机关进行了申报。贸易公司、某公司的直接负责人孙某明知在没有真实交易的情况下，以被告单位名义为其他公司开具增值税专用发票，体现被告单位的意志。贸易公司、某公司为下游受票公司虚开增值税专用发票，并将收取的手续费用于贸易公司、某公司缴纳其他税款等，违法所得归单位所有，故贸易公司、某公司构成单位犯罪。

孙某作为贸易公司法定代表人、某公司的实际控制人和主要负责人，明知在没有真实交易的情况下，为其他公司开具增值税专用发票，在单位实施的犯罪中起决定、批准、授意、指挥等作用；吴某作为贸易公司、某公司的出纳，明知实施的是虚开增值税专用发票行为，仍然草拟虚假购销合同，并提供自己的个人账户收取开票手续费用、进行资金回流走账等，为其他公司开具增值税专用发票，在单位犯罪中具体实施犯罪并起较大作用。因此，孙某作为单位犯罪直接负责的主管人员，吴某作为单位犯罪的直接责任人员，根据其在单位犯罪中的地位、作用和犯罪情节分别处以相应的刑罚。

与自然人犯罪不同，在犯罪主体方面，贸易公司、某公司均具有法人资格，有独立的法律地位。孙某、吴某是单位犯罪主体的组成部分，是在单位构成犯罪的前提下继以单位直接责任人员的主体承担刑事责任。孙某、吴某不论是在贸易公司还是在某公司单位犯罪中，都不是作为自然人主体；在犯罪主观方面，孙某、吴某代表贸易公司、某公司扣除受票公司的税点分别用于缴纳两家公司的其他税款，体现单位意志分别是为贸易公司谋取不正当利益和为某公司谋取不正当利益，目的分别是实现贸易公司的利益和某公司的利益，而非体现孙某、吴某个人的意志，追求个人利益的实现；在犯罪客观方面，某公司、贸易公司分别使用各自的对公账户在形式上收取受票公司对公账户转来的货款，随即转至吴某的个人银行账户，扣除开票的税点后再将款项转回受票公司的个人账户。吴某的个人银行账户内扣下的开票税点的款项用于贸易公司、某公司缴纳海关税款、码头费等，即单位犯罪带来的非法利益归单位所得（对孙某、吴某可能在单位犯罪得到的利益，也只是在单位获得利益后再次进行分配的问题）。

2. 本案区分自然人犯罪与单位犯罪中直接责任人员的罪责的必要性

虚开增值税专用发票罪属于危害税收征管的犯罪，以犯罪数额为定罪和量刑的评价标准。在未制定有新的司法解释前，对虚开增值税专用发票刑事案件定罪量刑的数额标准，可以参照《最高人民法院关于审理骗取出口退税刑事案件具体应用法律若干问题的解释》的规定执行，即虚开增值税专用发票罪的入罪数额、数额较大、数额巨大的标准分别是 5 万元、50 万元、250 万元。若是自然人实施犯罪行为，如被告人主观目的是为自身谋取利益，以多家公司名义虚开增值税专用发票，并将犯罪所得作为个人的好处，那么对被告人计算犯罪数额是以其虚开增值税专用发票的税款数额简单相加。类似如被告人实施多次盗窃行为，对其犯罪数额的认定可将其盗窃数额相加，按照其盗窃数额和情节，以一罪处罚。

单位犯罪案件和自然人犯罪案件有本质的不同，单位犯罪案件中单位是真正的犯罪主体。贸易公司、某公司均具有法人资格，分别以其独立的法律地位承担刑事责任，犯罪数额是独立的，犯罪结果也是不同的。单位犯罪中直接责任人员以单位犯罪为前提，对单位犯罪直接责任人员的处理依附于单位犯罪的数额定罪量刑。每一种单位犯罪的法定刑都规定有一定的刑罚种类和幅度，如另案处理的受票单位建设公司、建筑工程公司虚开增值税专用发票用于认证抵扣销项税额，骗取抵扣税款，均构成单位犯罪，但建设公司虚开的税款 978 万余元，属于数额巨大；而建筑工程公司虚开的税款 70 万余元，属于数额较大，意味着作为两家公司的直接责任人员处罚刑档不同。建设公司中的直接责任人员法定刑为十年以上有期徒刑或者无期徒刑，建筑工程公司中的直接责任人员法定刑为三年以上十年以下有期徒刑，罪责是不同的。建设公司、建筑工程公司的直接责任人员吴某虽然触犯罪名相同，但二者的犯罪构成不同，属于两个单位独立实施的犯罪，应当进行数罪并罚。本案中孙某、吴某出于为不同两家公司利益的主观犯罪故意，属不同的犯罪构成，故应根据两个单位的犯罪分别评价，再对各单位的直接责任人员予以数罪并罚。虽然贸易公司、某公司涉及同一直接责任人，贸易公司、某公司的法定刑都在十年以上，但单位犯罪的主体是作为一个整体的单位，且结合本案单位犯罪中直接责任人员具体实施的行为和所起的作用，应对单位故意范围内的整个犯罪结果负责。若被告单位因被撤销、注销而导致主体灭亡，对单位不再追究，直接追究单位犯罪直接责任人员的责任，仍是以被告单位的犯罪数额定罪量刑，罚当其罪。由于单位中直接负责的主管人员具有概括的犯罪故意，在单位犯罪中具体实施犯罪并起较大作用的直接责任人员，均应对单位故意范围内的整个犯罪结果负责，对他们的处理依附于单位犯罪的数额定罪量刑，不应将犯罪数额简单相加。当然也有例外，单位中其他直接责任人员处于具体实施犯罪的地位，对其在单位故意范围内具体实施的行为负责，一些具体的特殊情况的案件，对单位中其他直接责任人员不排除可以将犯罪数额相加的情形。在审判实践中，还是要根据直接责任人员在单位犯罪中的具体作用，准确定罪量刑。

3. 自然人犯罪、单位犯罪不同情形的同种罪名数罪如何并罚

（1）行为人所犯数罪的构成要件完全一致，罪名相同的犯罪，即一人犯同种数罪是否需要并罚的问题，应当坚持原则性与灵活性相结合的原则，对同种数罪原则上不并罚。刑法分则多数条文有两个以上量刑幅度，在这个幅度内从重处罚，可以体现罪责刑相适应原则。但是，如果某种罪只有一个量刑幅度，不并罚不足以体现对数罪从重处罚的原则，在法律没有禁止规定并罚的情况下，也可以实行并罚。[①]

（2）行为人既构成自然人犯罪，又构成单位犯罪，罪名相同，属于不同的犯罪构成，法定刑也不同，应当数罪并罚。例如，《刑事审判参考》刊登的张某等走私普通货物案，对该情形的意见是单位直接责任人员在实施单位犯罪的同时，

① 张军主编：《刑法（总则）及配套规定新释新解》（第七版），人民法院出版社 2017 年版，第 816 页。

其个人又犯与单位犯罪相同之罪的，应予数罪并罚。[①] 判决书主文可以在单位犯罪责任人员的罪名前加（单位），但在个人所犯罪名前不用加（个人）。

（3）行为人在两家以上单位均构成单位犯罪，罪名相同，且刑法明文规定有对单位犯罪采取双罚制的，需要根据具体情况，由行为人对其在单位故意范围内具体实施的行为负责。如行为人作为两家以上公司的直接责任人员，但系聘用且具体实施犯罪的人员，可结合具体案件情况对其要求他人为本单位虚开增值税专用发票的税款数额相加。例如，苑某虚开增值税专用发票案[②]，苑某作为涉案三家公司的兼职会计，对外代表涉案三家受票公司与开票公司联系，从开票公司虚开增值税专用发票272张，税款合计1345万余元，对其单位犯罪的数额相加。若行为人作为两家以上公司直接负责的主管人员或在单位犯罪中具体实施犯罪并起较大作用的人员，在单位实施的犯罪中起到决定、批准、授意、纵容、指挥等作用，应根据各个单位的犯罪分别评价后对行为人予以数罪并罚。例如，本案孙某作为贸易公司法定代表人、某公司的实际控制人和主要负责人，明知在没有真实交易的情况下，为其他公司开具增值税专用发票，在单位实施的犯罪中起决定、批准、授意、指挥等作用；吴某作为贸易公司、某公司的出纳，明知实施的是虚开增值税专用发票行为，仍然草拟虚假购销合同，并提供自己的个人账户收取开票手续费用、进行资金回流走账等，为其他公司开具增值税专用发票，在单位犯罪中具体实施犯罪并起较大作用。应根据贸易公司和某公司各自的犯罪事实分别确定孙某、吴某的量刑，再根据《刑法》第六十九条实行数罪并罚。判决书主文可以在单位犯罪责任人员的罪名后加（单位）以注明。从司法实践看，两个以上单位虚开增值税专用发票罪的税款数额在250万元以下的，根据各个单位的犯罪分别评价后再对直接责任人员予以数罪并罚，量刑更科学、合理、准确。如此既区别了单位犯罪与个人犯罪，与单位、直接责任人员的罪、责、刑也相适应。

编写人：广西壮族自治区梧州市万秀区人民法院　蒙宁　宋梓祥

---

① 最高人民法院刑事审判第一、二、三、四、五庭主办：《刑事审判参考》2007年第5集（总第58集），法律出版社2008年版，第1~10页。

② 参见《人民司法·案例》2019年第20期。

36

被告人被判处缓刑后在上诉期内又犯新罪的法律适用

——张某某故意杀人、非法持有枪支案

【案件基本信息】

1. 裁判书字号

山东省淄博高新技术产业开发区人民法院（2022）鲁0391刑初195号刑事判决书

2. 案由：故意杀人罪、非法持有枪支罪

【基本案情】

2022年5月19日至22日，被告人张某某为报复女友赵某某，两次将含“灭多威”（一种杀虫剂）的农药混入矿泉水中，分别倒入赵某某前夫家中的饮水机、冰箱及餐桌剩菜上，致赵某某前夫及其子、女中毒。后破坏赵某某驾驶的车辆致刹车失灵。被告人张某某多年前从他人手中购买一支手枪和一支长枪，并将其长期藏在家中。经淄博市公安司法鉴定中心痕迹检验鉴定，嫌疑手枪认定为以压缩气体为动力的枪支，嫌疑长枪认定为以火药为动力的枪支。

被告人张某某因犯帮助信息网络犯罪活动罪，于2022年5月17日被山东省淄博市临淄区人民法院判处有期徒刑八个月，缓刑一年，并处罚金人民币8000元。

【案件焦点】

被告人被判处缓刑后在上诉期间内又犯新罪，能否撤销缓刑数罪并罚。

【法院裁判要旨】

山东省淄博高新技术产业开发区人民法院经审理认为：被告人张某某为泄私愤，采取投放毒物、破坏车辆的方法故意杀人，其行为构成故意杀人罪（未遂）；被告人张某某违反枪支管理规定，非法持有枪支，其行为构成非法持有枪支罪。公诉机关的指控，事实清楚，证据确实、充分，指控的罪名成立，提出的量刑建议适当，予以采纳。被告人张某某因犯帮助信息网络犯罪活动罪被宣告缓刑后判决尚未生效前再犯新罪，应当撤销缓刑，数罪并罚。关于故意杀人罪（未遂）一节，被告人张某某系犯罪未遂，可比照既遂犯从轻处罚；案件系因被告人张某某与被害人赵某某感情纠葛引发，鉴于被害人出具书面谅解书表示对被告人张某某的行为予以谅解，可从轻处罚。被告人张某某虽辩称未想置被害人于死地，但其明知灭多威系剧毒农药，亦知晓被害人孙某甲、赵某某、孙某乙、孙某丙共同居住生活，仍故意将毒物投入食品、饮用水中，致使被害人中毒，且在被害人孙某丙就医期间故意隐瞒其病因，又破坏被害人赵某某驾驶的车辆致其车辆刹车失灵，上述事实，足以证明被告人张某某主观上具有希望被害人死亡结果发生的故意，对其该项辩解不予采纳。被告人张某某到案后如实供述其罪行，系坦白；认罪认罚；案发后及庭审中认罪态度较好，可从轻处罚。辩护人的相关辩护意见成立，予以采纳。根据被告人张某某的犯罪事实、性质、情节和对社会的危害程度及认罪态度决定其刑罚。据此，依照《中华人民共和国刑法》第二百三十二条、第一百二十八条第一款、第二十三条、第六十一条、第六十七条第三款、第六十四条、第六十九条、第七十七条第一款之规定，判决如下：

一、撤销山东省淄博市临淄区人民法院（2022）鲁0305刑初165号刑事判决书中对被告人张某某宣告缓刑一年的判决部分；

二、被告人张某某犯故意杀人罪（未遂），判处有期徒刑三年六个月；犯非法持有枪支罪，判处有期徒刑六个月；与前罪帮助信息网络犯罪活动罪判处的有期徒刑八个月，数罪并罚，决定执行有期徒刑四年五个月，并处罚金人民币 8000 元；

三、扣押在案的枪支二支，依法予以没收。

本案宣判后，在法定期限内，被告人张某某未上诉，公诉机关未抗诉，该判决已发生法律效力。

【法官后语】

本案主要涉及被告人张某某被判处缓刑后在上诉期间内又犯新罪能否撤销缓刑的法律适用问题。

根据《中华人民共和国刑法》第七十七条第一款的规定，被宣告缓刑的犯罪分子，在缓刑考验期限内犯新罪或者发现判决宣告以前还有其他罪没有判决的，依法应当撤销缓刑，实行数罪并罚。显然，该规定界定的撤销缓刑的时间节点为“在缓刑考验期限内”，司法实践中大部分案件都属于此种情形。本案的特殊之处在于被告人张某某犯新罪的时间节点系在其因犯帮助信息网络犯罪活动罪被宣告缓刑后判决尚未生效前，与《中华人民共和国刑法》第七十七条第一款规定的撤销缓刑的适用条件并不相符，法律没有对这一特殊情况作出明确规定，那么本案能否撤销缓刑则必须从缓刑适用的立法目的、适用条件等方面综合考虑。《中华人民共和国刑法》第七十二条第一款规定：“对于被判处拘役、三年以下有期徒刑的犯罪分子，同时符合下列条件的，可以宣告缓刑……（一）犯罪情节较轻；（二）有悔罪表现；（三）没有再犯罪的危险；（四）宣告缓刑对所居住社区没有重大不良影响。”可见，法律规定的缓刑适用条件重点从被告人犯罪情节、主观恶性、社会危害性、人身危险性等方面予以综合考量，对判决宣告时的社会危害性及人身危险性也只能是针对当前作出的一种预判，因此才有了缓刑考验期的规定，但如果被告人在判决宣告缓刑后又犯新罪，则反映出被告人对其前罪犯罪行为主观上并未做到真诚悔罪，客观上社会危害性及人身危险性较大。因此，《中华人民共和国刑法》第七十七条第一款又对缓刑考验期内出现违法犯罪行为时作出了撤销缓刑进行法律救济的规定。既然在缓刑考验期内违反法律规定就会出现被撤销缓刑的法律后果，那么在宣告缓刑尚未进入缓刑考验期的短时期内再犯新罪，足以说明被告人主观恶性较大，不仅未真诚悔改，还现实地出现了继续危害社会的后果，应当撤销缓刑，实行数罪并罚。

本案亦是“入罪举轻以明重”司法原则的具体体现，“入罪举轻以明重”是指一个行为，法律没有明确规定为犯罪，但一个比它轻的行为在法律中规定为犯罪，那这个行为也应当作为犯罪来处理。具体到本案中，法律规定缓刑考验期内再犯新罪应当撤销缓刑，那上诉期间再犯新罪更应当撤销缓刑，故本案应依法作出撤销缓刑后数罪并罚的判决。

编写人：山东省淄博高新技术产业开发区人民法院　朱琳　蒋中山

37

窃电行为发生在缓刑宣告前，但窃电状态一直持续到考验期结束的，应认定为在缓刑考验期犯新罪，进行数罪并罚

——申某盗窃案

【案件基本信息】

1. 裁判书字号

北京市顺义区人民法院（2022）京 0113 刑初 89 号刑事判决书

2. 案由：盗窃罪

【基本案情】

马某在北京市顺义区某镇某村经营一家名为“某拉面”的饭馆。2017 年 12 月 7 日，被告人申某在马某同意后将该饭馆使用的电表进行改动，使得马某

得以少缴电费，后马某给予申某4000元作为报酬。2021年4月8日，电力公司顺义供电公司发现马某的窃电行为。经核算，马某窃电金额共计19.7万余元。后马某根据顺义供电公司要求补缴电费45.2万余元。被告人马某于2021年9月10日经电话通知到案，2021年10月9日被告人申某被抓获到案。

另查明，被告人申某于2019年1月10日因犯交通肇事罪被山东省鄄城县人民法院判处有期徒刑一年七个月，缓刑二年，于2019年1月14日被释放，缓刑考验期限自2019年1月25日起至2021年1月24日止。

【案件焦点】

申某的窃电行为应认定为漏罪还是新罪，是否应当对其撤销缓刑，数罪并罚。

【法院裁判要旨】

北京市顺义区人民法院经审理认为：被告人申某采用秘密手段窃取电力，盗窃数额巨大，已构成盗窃罪，依法应予惩处。北京市顺义区人民检察院指控被告人申某犯盗窃罪的事实清楚，证据确实、充分，指控罪名成立。被告人申某到案后如实供述盗窃事实，自愿认罪，依法可以从轻处罚，其辩护人的相关辩护意见本院予以采纳。关于是否应撤销被告人申某因犯交通肇事罪所宣告的缓刑并实行数罪并罚，根据在案证据，申某窃取电力的行为发生在其涉嫌犯交通肇事罪并被宣告缓刑之前，并且该盗窃行为持续至缓刑考验期限结束直至被查获，该情形符合《中华人民共和国刑法》第七十七条的规定，应撤销缓刑，对申某所犯盗窃罪和交通肇事罪实行数罪并罚。据此，北京市顺义区人民法院作出如下判决：

一、撤销山东省鄄城县人民法院（2018）鲁1726刑初279号刑事判决书中对申某所犯交通肇事罪判处有期徒刑一年七个月缓刑二年的缓刑部分；

二、申某犯盗窃罪，判处有期徒刑三年六个月，并处罚金人民币2万元，与其因犯交通肇事罪所判处有期徒刑一年七个月并罚，决定执行有期徒刑四年二个月，并处罚金人民币2万元；

三、继续追缴申某的违法所得人民币 4000 元，追缴后予以没收。

一审判决后，被告未提起上诉，检察机关未提起抗诉，该判决已发生法律效力。

【法官后语】

《中华人民共和国刑法》第七十七条第一款规定了两种应该撤销缓刑进行数罪并罚的情形，即在缓刑考验期内犯新罪和发现罪犯在判决宣告前有漏罪。对于缓刑考验期结束后，发现犯罪分子有前述两种情形之一的，应该如何处理，目前理论界与实务界基本形成了多数意见：只要是在缓刑考验期间内实施新的罪行，理应要撤销缓刑，至于发现该罪行的时间原则上没有限定；如果是漏罪，则不再撤销缓刑，依法处理该漏罪即可，当然对于漏罪的处理还需要考虑追诉时效等问题。对于新罪、漏罪的不同处理，首先，考虑到缓刑适用的前提必须是犯罪分子“没有再犯罪的危险”，在缓刑考验期内犯新罪则在客观上足以表明犯罪分子具备人身危险性，对其不应当适用缓刑。若缓刑犯在缓刑期间有违法、违反缓刑监管规定或者违反法院禁止令，情节严重的，依法就应撤销缓刑，那么缓刑期间的犯罪行为，可谓最严重的违法、违规表现，基于“举轻以明重”的当然解释，理应撤销缓刑。其次，“法律不强人所难”，在漏罪的情况下不撤销缓刑，主要是考虑到该漏罪在对犯罪分子适用缓刑之际客观上早已存在，在缓刑考验期间未被发现可能存在多种因素，不应将不利后果全部归责于行为人，我们不可能期待行为人能自行揭露罪行，漏罪的存在并不意味着行为人具有再犯罪的可能性。所以，行为人在缓刑考验期间，只要能认真遵循法定的行为规范、没有再犯新罪、没有发现漏罪，缓刑考验期结束就可视为原判刑罚不需要再执行。

具体到本案，申某改装电表的行为发生在被判处缓刑之前，但窃电状态一直持续到其缓刑考验期结束后方才案发，能否认定为其在缓刑考验期内犯新罪，进而对其撤销缓刑，数罪并罚。对此问题存在不同意见，合议庭少数意见认为，申某盗窃行为在其改装好电表后已经结束，此后窃电数额的累计只是该行为所附带的结果，盗窃数额以案发前窃电量为依据，但不宜认定为该盗窃行为一直持续，其缓刑考验期已经结束，不应撤销缓刑；合议庭多数意见认为，对于窃电这种特殊盗窃行为来说，改装电表行为的结束并不意味着犯罪的结束，在该窃电状态终止前，行为人均负有义务去阻断犯罪后果的继续扩大化，行为人未采取相关阻断行为，盗窃行为一直持续至申某所犯交通肇事罪缓刑考验期限结束，属于在缓刑考验期限内犯新罪，需要对其撤销缓刑，实施数罪并罚。

我国刑法理论根据犯罪行为终了与法益侵害关系，将犯罪分为即成犯、状态犯和连续犯。通常来说，故意杀人罪是典型的即成犯，盗窃罪是典型的状态犯，非法拘禁罪是典型的继续犯。司法实践中，学理上的这种分类具有指导价值，但不宜“生搬硬套”，现实中犯罪形式多种多样，对于犯罪的分类应该从实质上把握。与盗窃行为发生时被侵犯的法益即确定的一般盗窃行为不同，在盗窃电力这种特殊资源的案件中，行为人实施改电行为后，被窃取的电力并不能确定，随着时间的推移，窃电数额将随之增长，对于法益的侵犯也将持续。从其本质上分析，窃电这种行为实质上与非法拘禁行为类似，故而应将窃电行为视为一个整体犯罪行为，在判断犯罪行为的发生时，就不能将整体上的一个犯罪行为割裂开来分为数个自然意义上的行为，而应当在宏观上视作一个犯罪行为，并判断其开始与结束时间。本案中，尽管申某仅实施了一次改装电表行为，但截至案发前，电力部门的电力一直处于被盗窃的状态，在某种程度上甚至可以认为，因申某的改装电表行为，导致盗窃电力的行为（或现象）每天都在发生，盗窃数额也处于累计计算中。申某在因交通肇事罪被判处缓刑以及在缓刑考验期时，未采取任何措施减少、避免窃电数额的进一步扩大的行为，对于自己盗窃电力的行为持续危害持有一种放任的态度，其主观恶性与实施新罪并无不同，故认定其在缓刑考验期内犯新罪，对其撤销缓刑实施数罪并罚。

编写人：北京市顺义区人民法院　李贞　李晓丽

38

刑罚执行期间发现漏罪，判决作出时刑罚已经执行完毕的处理方式

——张某某帮助信息网络犯罪活动案

【案件基本信息】

1. 裁判书字号

福建省福州市鼓楼区人民法院（2022）闽0102刑初96号刑事判决书

2. 案由：帮助信息网络犯罪活动罪

【基本案情】

2020年9月，被告人张某某在福州市仓山区某大排档附近，将其名下的中国邮政储蓄银行卡、招商银行卡、华夏银行卡、交通银行卡、福建省农村信用社卡以每张人民币300元的价格卖给陈某，用于信息网络犯罪活动资金结算，并收取后续银行卡租金，共计获利人民币4000元。经查，上述银行卡售出至案发，资金流入共计人民币682余万元，其中华夏银行卡收到被害人祝某军人民币10000元。

2021年6月1日，被告人张某某因犯帮助信息网络犯罪活动罪被福州市鼓楼区人民法院判处有期徒刑9个月，并处罚金人民币3000元。2021年9月，在张某某尚处于因前罪帮助信息网络犯罪活动罪刑罚执行期间，公安机关发现被告人除前罪外，还有其他帮助信息网络犯罪活动罪之事实，并对其展开侦查。2021年10月13日，被告人张某某前罪刑满释放。

【案件焦点】

在刑罚执行期间新发现的漏罪，判决作出时刑罚已经执行完毕，对该漏罪进行单独定罪处罚，还是与前罪进行数罪并罚。

【法院裁判要旨】

福建省福州市鼓楼区人民法院经审理认为：被告人张某某明知他人利用信息网络实施犯罪，为其犯罪提供支付结算帮助，情节严重，其行为已构成帮助信息网络犯罪活动罪。被告人张某某在判决宣告以后，刑罚执行完毕以前，发现在判决宣告以前还有其他罪没有判决，依法应当对新发现的罪作出判决，把前后两个判决所判处的刑罚数罪并罚。综合被告人张某某的犯罪情节、社会危害程度、认罪态度、退赃情况，依照《中华人民共和国刑法》第二百八十七条之二第一款、第六十七条第三款、第六十九条第一款及第三款、第七十条、第六十四条之规定，判决如下：

一、被告人张某某犯帮助信息网络犯罪活动罪，判处有期徒刑十个月，并处罚金人民币 3000 元，与原犯帮助信息网络犯罪活动罪所判刑罚有期徒刑九个月，并处罚金人民币 3000 元并罚，决定执行有期徒刑一年五个月，并处罚金人民币 6000 元；

（刑期从判决执行之日起计算。罚金已缴纳。）

二、被告人张某某退缴在案的违法所得人民币 4000 元，予以没收，上缴国库。

一审判决后，被告未提起上诉，检察机关未提起抗诉，该判决已发生法律效力。

【法官后语】

《中华人民共和国刑法》第七十条规定，判决宣告以后，刑罚执行完毕以前，发现被判刑的犯罪分子在判决宣告以前还有其他罪没有判决的，应当对新发现的罪作出判决，把前后两个判决所判处的刑罚，依照本法第六十九条的规定，决定执行的刑罚。已经执行的刑期，应当计算在新判决决定的刑期以内。

一种观点认为，考虑到法院作出判决时，前罪的刑罚已执行完毕，故这种情形下，法院作出漏罪判决只需要考虑漏罪本身，无须再结合前罪实行数罪并罚；另一种观点认为，公安机关发现漏罪时，前罪尚未执行完毕，故漏罪属于前罪刑罚执行期间新发现的漏罪，应与前罪一起作数罪并罚。笔者认为，被告人张某某的漏罪应当与前罪实行数罪并罚，主要理由如下。

一、发现漏罪的主体与时间

在刑事程序中，发现漏罪一般是指司法机关发现漏罪，他人发现漏罪如证人、被害人等发现漏罪不宜认定为发现漏罪的主体。因为只有司法机关发现漏罪，才能启动刑事案件的进程。需要注意的是发现漏罪不仅是指司法机关依据职权发现漏罪，还应当包括他人揭发、犯罪分子自首等情形。只要能够让司法机关启动刑事追责的任何事项均可。

通常案件中，最早发现漏罪的是公安机关，时间应当以公安机关立案时间为准，如果公安机关只是在一般盘查、询问中，尚未立案，不宜认定为发现罪行。如果法院或检察院在审理过程中发现了被告人可能有漏罪的，应当以将该案件移送到公安机关，公安机关立案后作为发现的时间。由于法院或者检察院在审理过程中发现可能的漏罪只是凭借现有证据材料中发现的，但是具体是否符合立案标准，是否需要启动刑事追责程序，应当要符合刑事案件的立案标准，故而应当以立案时间为准。当然，如果是检察院自侦案件，以检察院立案时间为准。

二、发现漏罪的程度

漏罪应当是在判决宣告以前就已经实施了漏罪，不要求漏罪是否实施终了。对于犯罪行为持续到判决宣告以后，只要实施行为的最初时间是在判决宣告以前就符合漏罪的要求。发现漏罪应当要有一个具体的时间节点，除了是在判决宣告以前，还受到诉讼时效的约束。也就是说，如果所发现的漏罪，超过了追诉时效，那么就不符合漏罪的条件。

关于发现漏罪的程度是否应当达到证据确实充分，足以支撑被告人构成漏罪的，在理论界和司法实践中均存在争议。如果认为发现的漏罪应当达到证据确实充分，实际上是一个悖论，忽视了刑事案件的客观规律。公安机关立案后到侦查终结需要一个较长的时间，极少有案件在立案的时候就已经达到证据充分。即使公安机关移送起诉，检察机关也可能退回补充侦查。甚至在法院审判阶段，检察机关可能发现还需要补充新的证据。可以说只有法院才能够认定证据是否确实充分，是否达到犯罪。因此，发现的漏罪只要达到可以进行刑事立案的标准即可。

三、刑罚是否执行完毕仅解决发现漏罪的最后节点

《中华人民共和国刑法》第七十条并未对漏罪作出判决时，前罪已经执行完毕的情况进行规定。在没有明确法律规定的情况下，不宜对刑事法律进行限缩解释。该条款明确规定只要发现新罪的时间是在判决宣告以后，刑罚执行完毕以前即可。第七十条中刑罚执行完毕以前解决的是发现新罪的最后时间，只要发现的漏罪是在前罪刑罚执行完毕以前，至于前罪刑罚是否执行完毕不应当作为不适用该法条的理由。

本案中，被告人张某某的漏罪发生在2020年9月，系在判决宣告以前公安机关就发现被告人张某某除前罪外还有其他犯罪行为，并对其立案调查。虽然被告人张某某的刑罚已经执行完毕，但因为所发现的漏罪系在判决宣告以后，刑罚执行完毕以前，仍然需要对新发现的罪作出判决，把前后两个判决所判处的刑罚，依照《中华人民共和国刑法》第六十九条的规定，决定执行的刑罚。

编写人：福建省福州市鼓楼区人民法院　张太洲

（四）缓刑

39

缓刑考验期满后达犯罪构成的金额犯，应撤销缓刑数罪并罚

——徐某生产、销售伪劣产品案

【案件基本信息】

1. 裁判书字号

江苏省宿迁市中级人民法院（2022）苏 13 刑终 139 号刑事裁定书

2. 案由：生产、销售伪劣产品罪

【基本案情】

2019 年 10 月 15 日，徐某因犯故意伤害罪被江苏省沭阳县人民法院判处有期徒刑六个月，缓刑一年，缓刑考验期限自 2019 年 10 月 28 日起至 2020 年 10 月 27 日止。

2020 年 9 月至 11 月，徐某私设加工点，生产不合格速效复合肥和假冒快速生根粉并销售，销售金额达 52000 余元，其中 2020 年 9 月至 10 月销售金额达 30000 余元。

【案件焦点】

缓刑考验期满后达犯罪构成的金额犯，应否撤销缓刑。

【法院裁判要旨】

江苏省宿迁市沭阳县人民法院经审理认为：徐某在生产、销售过程中，以

假充真，以不合格产品冒充合格产品，生产、销售金额达5万元以上不满20万元，其行为构成生产、销售伪劣产品罪。公诉机关指控徐某犯生产、销售伪劣产品罪的事实清楚，证据确实、充分，指控罪名成立，予以支持。徐某在缓刑考验期内犯新罪，应当撤销缓刑，数罪并罚。徐某归案后如实供述自己的罪行，自愿认罪认罚，对其从轻处罚。依照《中华人民共和国刑法》第一百四十条、第六十七条第三款、第七十七条、第六十九条，《中华人民共和国刑事诉讼法》第十五条之规定，判决如下：

一、撤销（2019）苏1322刑初583号刑事判决中对徐某犯故意伤害罪判处有期徒刑六个月，缓刑一年的缓刑执行部分；

二、被告人徐某犯生产、销售伪劣产品罪，判处拘役四个月十五日，并处罚金人民币46000元；与原犯故意伤害罪，判处有期徒刑六个月并罚，决定执行有期徒刑六个月，并处罚金人民币46000元。

宣判后，徐某以一审认定事实错误，其无罪为由提起上诉。江苏省宿迁市中级人民法院经审理认为：原判认定的基本事实清楚，证据确实、充分，定罪正确，量刑适当，审判程序合法。依据《中华人民共和国刑事诉讼法》第二百三十六条第一款第一项之规定，裁定：

驳回上诉，维持原判。

【法官后语】

生产、销售伪劣产品，销售金额5万元以上构罪，缓刑考验期内的销售金额未达犯罪构成，在缓刑考验期满后达犯罪构成金额，是否应当撤销前罪的缓刑，将前罪与后罪实行并罚？

第一种观点认为，徐某在缓刑考验期内的生产、销售金额未达到犯罪金额，不属于在缓刑考验期内犯新罪，只需对所犯新罪依法判处即可。

第二种观点认为，应将徐某的犯罪行为作为一个完整的犯罪过程来考察，其属于在缓刑考验期内犯新罪，应依法撤销前罪的缓刑，将前后罪并罚。

笔者同意第二种观点。根据《中华人民共和国刑法》第七十七条的规定，被宣告缓刑的犯罪分子，在缓刑考验期内犯新罪的，应当撤销缓刑，对新犯的罪作出判决，将前后罪并罚。因此，判断徐某在缓刑考验期内生产、销售伪劣产品的行为是否属于在缓刑考验期内犯新罪，决定了其前罪所判处的缓刑是否应当撤销。

首先，根据《中华人民共和国刑法》第一百四十条的规定，生产者、销售者在产品中掺杂、掺假，以假充真，以次充好或者以不合格产品冒充合格产品，销售金额五万元以上的构成生产、销售伪劣产品罪。该罪作为典型的金额犯，通常是在一个时间段内累计计算销售金额，实施犯罪的时间往往不是一个时间点，而是一个时间段，自开始生产伪劣产品至销售，构成一个完整的、不可分割的犯罪整体。整个实施过程应作为一个整体予以评价是否构罪，如累计计算的金额达到入罪金额，则整个实施过程均应评价为犯罪行为，而不能依据某一段的行为是否达到入罪标准予以割裂评价。本案中，徐某在前罪缓刑考验期内开始生产、销售伪劣产品，虽然其在缓刑考验期内的销售金额未达到本罪的入罪标准，但其犯罪行为系在一个时间段内的连续行为，其在缓刑考验期内的实行行为系达到入罪不可分割的一部分，应将其行为作为一个整体予以评价，认定徐某系在缓刑考验期内犯新罪。

其次，缓刑作为监禁刑替代方式的一种，在于教育感化犯罪人，促进犯罪分子再社会化。对宣告适用缓刑的犯罪分子规定一定期限的考验期，根据《中华人民共和国刑法》第七十六条的规定，在缓刑考验期内，依法实行社区矫正，缓刑考验期满，如被考验合格，原判刑罚就不再执行。宣告缓刑的犯罪行为人是否具有社会危害性，是否有再犯罪的危险，是判定行为人缓刑考验合格与否的一个重要标准。本案行为人在缓刑考验期内即开始着手实施故意犯罪，说明原判缓刑的威慑和教育功能已经不足以约束到他，其已不具备适用缓刑的实质条件，对其已经失去了不予关押确实不会危害社会的可能性，已经不符合适用缓刑的条件，应当撤销缓刑，将前后罪并罚。

最后，如被告人在缓刑考验期后未再继续实施生产、销售伪劣产品的行为，其在缓刑考验期期间实行的行为就达不到入罪标准，则对缓刑考验期内的行为不能评价为犯罪，那么是否对行为人撤销缓刑，就要看行为人是否符合《刑法》第七十七条第二款规定的撤销缓刑的情形。但当行为人继续实施了生产、销售伪劣产品的行为，累计销售金额达入罪标准，即使缓刑考验期内实施的生产、销售行为涉及的销售金额未到入罪标准，也应当撤销前罪所判处的缓刑，与新罪并罚。

编写人：江苏省宿迁市中级人民法院　戴建军
江苏省宿迁市沭阳县人民法院　王佳佳

40

被告人辩解无罪的缓刑适用

——孙某寻衅滋事案

【案件基本信息】

1. 裁判书字号

山东省淄博市中级人民法院（2023）鲁03刑终178号刑事裁定书

2. 案由：寻衅滋事罪

【基本案情】

被告人孙某对涉案广告位的非公路标志设置权至2013年7月9日止，期限届满后被告人孙某未自行拆除并继续占用，直至2018年前后某某高速路拓宽时拆除，2020年3月被告人孙某又自行在涉案广告位安装广告。

2015年涉案高速公路资产划转至某某发展集团有限公司。2016年4月13日，某某发展集团有限公司投资成立某某文化传媒有限公司，后更名为某某文旅公司，负责高速路广告资源的开发经营。2020年3月13日，按照某某文旅公司安排，施工单位人员带领工人拆除安装在某某高速路上某路桥两侧的涉案广告牌时，被告人孙某持菜刀追逐威胁，施工单位人员报警后，经公安机关调解，得以拆除完毕。

2020 年 5 月，某某文化传媒有限公司中标涉案高速公路广告位经营权，同年 8 月 3 日，某某文化传媒有限公司在涉案广告位悬挂“某某养生谷”广告。同年 8 月 8 日，被告人孙某为发泄不满，擅自将某某文化传媒公司安装在某某高速路上某路桥东西两侧的 2 块广告画布拆除，并将 2 块画布藏匿于其经营的美术写生创作基地内，后被民警查获。被拆除的 2 块画布的损失价格为 3653 元。

本案系被害人报案案发，被告人孙某被抓获归案。被害单位某某文化传媒有限公司不要求被告人孙某赔偿损失并对孙某表示谅解。

【案件焦点】

1. 被告人是否构成寻衅滋事罪；2. 对被告人能否适用缓刑。

【法院裁判要旨】

山东省淄博市周村区人民法院经审理认为：非公路标志设置许可证载明被告人孙某对涉案广告位的经营权至 2013 年 7 月 9 日，该许可证同时载明“许可期满，被许可人应当自行拆除；须依法延续许可有效期的，应当在许可有效期届满三十日前，提出申请。该证不得涂改，过期作废”。许可期满后，被告人孙某应自行拆除，其既未自行拆除，又未申请延期，继续占用涉案广告位无依据。相关文件、批复等书证证实，涉案高速公路资产划转至某某发展集团有限公司，某某发展集团有限公司投资成立某某文旅集团有限公司，负责高速路广告资源的开发经营，即某某文旅集团有限公司取得涉案广告位的开发经营权。证人车某证言证实其已告知孙某广告牌的安装设置已属于某某发展集团，让孙某找某某发展集团办手续，但孙某说不去，并于 2020 年 3 月自行安装广告。综上，某某文旅集团有限公司为保障其开发经营权落实，对广告位进行清理整顿，安排人员拆除占用在该位置的广告，被告人孙某明知其在该位置的广告设置权已经到期，径行通过持菜刀追逐威胁的方式阻碍拆除人员拆除，其行为侵犯了社会管理秩序；被告人孙某供述及相关证人证言证实，被告人孙某占用多年的广告位被拆除，心中不满，遂以强拆他人广告布方式进行发泄，其行为侵犯了社会管理秩序，符合寻衅滋事罪构成要件，被告人孙某构成寻衅滋事罪。至于某某文旅集团有限公司是否取得户外广告设置行政许可系行政管理范畴，不影响其拆除孙某先前占用，但已过期的广告牌；某某文化传媒有限公司是否取得户外广告设置行政许可亦是行政管理范畴，不影响对孙某拆除他人广告牌行为违法性的认定。

被告人孙某明知其对涉案广告位的经营权已经到期，为继续占用，持菜刀追逐他人阻碍拆除，破坏社会秩序，情节恶劣；其为发泄不满，任意损毁他人广告布，破坏社会秩序，情节严重，其行为已构成寻衅滋事罪。被害单位对被告人孙某表示谅解，对被告人孙某可酌情从轻处罚。被告人孙某到案后如实供述犯罪事实，对其依法从轻处罚。本案因民间矛盾引发，对被告人孙某量刑时酌情考虑。

山东省淄博市周村区人民法院依照《中华人民共和国刑法》第二百九十三第一款、第六十七条第三款、第六十一条，《最高人民法院、最高人民检察院关于办理寻衅滋事刑事案件适用法律若干问题的解释》第三条、第四条之规定，作出如下判决：

被告人孙某犯寻衅滋事罪，判处有期徒刑一年。

孙某以其不构成寻衅滋事罪为由提起上诉。山东省淄博市中级人民法院经审理认为：车某、郝某等证人证言以及上诉人孙某的供述证实，因某某高速拓宽，上诉人孙某在涉案广告位安装的广告牌被拆除。某某高速拓宽完毕后，上诉人孙某在无任何审批手续的情况下，又私自另行安装了广告牌。上诉人孙某为达到继续非法占有使用的目的，现场持凶器追逐、拦截他人并阻碍拆除，情节恶劣。在他人已取得涉案广告位合法经营权后，为发泄不满，任意损毁他人广告布，情节严重，其行为破坏社会秩序，已构成寻衅滋事罪。至于某某文旅公司是否取得涉案广告位非公路标志许可系行政管理范畴，不能阻却对上诉人孙某的违法性认定。故，孙某的上诉理由及其辩护人的辩护意见，不能成立，应予驳回。

山东省淄博市中级人民法院依照《中华人民共和国刑事诉讼法》第二百三十六条第一款第一项之规定，作出如下裁定：

驳回上诉，维持原判。

【法官后语】

本案涉及的主要问题是被告人拒不认罪，经审理认定被告人有罪后能否适用缓刑的问题。

1. 被告人孙某是否构成寻衅滋事罪

《中华人民共和国刑法》第二百九十三条规定："有下列寻衅滋事行为之一，破坏社会秩序的，处五年以下有期徒刑、拘役或者管制：（一）随意殴打他人，情节恶劣的；（二）……（三）强拿硬要或者任意损毁、占用公私财物，情节严重的；（四）……"被告人孙某先前申请的广告经营权行政许可已期满，期满后应自行拆除，其既未自行拆除，又未申请延期，继续占用涉案广告位无依据。某某文旅公司对涉案广告位有开发经营权，其拆除涉案广告位上孙某私自安装的广告牌系公司自主经营行为，并未违反法律、行政法规的强制性规定。孙某为达到继续非法占有使用的目的，任意损毁他人广告布，情节严重；现场持凶器追逐、拦截他人阻碍拆除，情节恶劣，其行为破坏社会秩序，已构成寻衅滋事罪。至于某某文旅公司是否取得涉案广告位非公路标志许可系行政管理范畴，不能阻却对孙某的违法性认定。

2. 对被告人孙某能否适用缓刑

《中华人民共和国刑法》第七十二条第一款规定："对于被判处拘役、三年以下有期徒刑的犯罪分子，同时符合下列条件的，可以宣告缓刑，对其中不满十八周岁的人、怀孕的妇女和已满七十五周岁的人，应当宣告缓刑：（一）犯罪情节较轻；（二）有悔罪表现；（三）没有再犯罪的危险；（四）宣告缓刑对所居住的社区没有重大不良影响。"可见，对于被判处拘役、三年以下有期徒刑的犯罪分子，宣告缓刑需具备四个条件。首先，犯罪情节较轻。犯罪情节是指与犯罪主体或者犯罪行为有关的，体现行为的社会危害程度和人身危险性程度，在对犯罪主体进行定罪量刑时必须考虑的各种具体细节。例如，犯罪主体的年龄、身份、犯罪动机、犯罪目的、犯罪手段、犯罪结果、危害程度等细节。通过对这些具体的犯罪情节的审查，可以反映出犯罪主体的人身危险性和社会危害性。只有透过这些具体犯罪情节得出人身危险性和社会危害性小的犯罪主体才可宣告缓刑。其次，有悔罪表现。犯罪主体对自己所犯罪行的悔悟和改过表现，主要体现在犯罪后的时空里。由于导致犯罪的各种主客观因素不同，以及犯罪主体事后对自己犯罪行为的性质和危害程度认识不同，实施犯罪后的态度以及由此表现出来的行为也有所不同。这些不同的态度和行为从某种程度上可反映出犯罪主体的人身危险性和再犯可能性的大小，因此，结合具体案件，可以通过审查行为人在犯罪结束后有无投案自首、立功、坦白、积极抢救挽回损失、赔偿被害人等措施来补偿犯罪所造成的危害等方面来考察犯罪主体是否真诚悔罪。再次，没有再犯罪的危险。这是从预防犯罪的角度对犯罪主体的评价，主观性较强，但作为法官，就是凭借客观的证据对这些主观性较强的评价标准进行量化分析，从而得出一个较客观公正的结论。法官虽不能准确预测事物未来的发展方向，但对于犯罪主体有无再犯可能性这一情节可结合审判实践、审判阅历、经验，从犯罪主体现有的所犯之罪、悔罪态度及个人具体情况等客观表现得出其是否有不再犯的期待可能性。如果法官通过这些因素综合评价认为行为人具有较强的不再犯的期待可能性，那么，就可以增强宣告缓刑的内心确信；反之，则不可以。最后，宣告缓刑对所居住社区没有重大不良影响。从目前司法实践看，对该条款的掌握主要参考社区调查结果。通过分析可以看出，宣告缓刑的四个条件并非相互孤立，割裂存在，而是相互关联，内在统一，从不同角度反映出行为人所犯罪行轻重、其本人的人身危险性、社会危害性及有无再犯可能性。对犯罪主体能否宣告缓刑需将四个条件综合起来考虑，绝不能从一而论。

本案中，被告人孙某在诉讼过程中虽如实供述事实，但拒不认罪，辩解自己的行为是合法的，能否认定其有悔罪表现，进而对其宣告缓刑，司法实践中有两种不同的观点。一种观点认为，被告人辩解自己的行为不构成犯罪，是对行为性质的辩解，是行使刑事诉讼法规定的辩护权的当然要求，比照《最高人民法院关于被告人对行为性质的辩解是否影响自首成立问题的批复》（以下简称《自首批复》）答复“犯罪以后自动投案，如实供述自己的罪行的，是自首。被告人对行为性质的辩解不影响自首的成立”，以及依据《关于适用认罪认罚从宽制度的指导意见》（以下简称《认罪认罚指导意见》）关于“认罪”的把握，是指犯罪嫌疑人、被告人自愿如实供述自己的罪行，对指控的犯罪事实没有异议。承认指控的主要犯罪事实，仅对个别事实情节提出异议，或者虽然对行为性质提出辩解但表示接受司法机关认定意见的，不影响对“认罪”的认定。被告人孙某认可公诉机关指控事实，不能因其对行为性质有辩解而否定其如实供述犯罪事实，而认为其没有悔罪表现，进而排除对其宣告缓刑。另一种观点认为，“有悔罪表现”暗含的逻辑前提是“认罪”，认罪表现在主观、客观两个方面，不仅要求客观上如实供述犯罪事实，主观上还要认识到自己的行为有罪过，或认识到自己的行为构成违法需承担不利后果，或者虽然不能认识到自己的行为构成违法犯罪，但对行为性质不置可否，尊重司法机关的评判，而不是认为自己的行为是合法的。

笔者赞同第二种观点。理由是：(1) 如实供述事实不等于认罪。如实供述事实是指被告人到案后将案件发生时涉案事实包括案件发生的原因、过程、结果等具体情节实事求是、客观的供述，该供述是对事实的复述或回顾，主要体现在供述犯罪过程中的主体、客体、主观方面、客观方面。认罪则主要体现在犯罪结束后尤其是归案后行为人的主观方面表现，是指行为人对涉案事实如实客观供述基础上对自己行为的认识、反思，通过回顾案件发生过程，结合日常对法律的认知、储备程度，以及案发后对相关法律的对号入座式集中学习，对个人的行为有无社会危害性、是否违法、是否犯罪、是否承担不利后果自我作出评价。因行为人是否构成犯罪，构成哪种犯罪，需要司法机关依据专业知识进行评判，因此，不能要求行为人对自己的行为认识到犯哪种罪以及其程度，但是根据一般人的朴素认知，行为人可以对自己的行为是否有社会危害性、是否属于违法犯罪行为、是否承担不利后果有概括的倾向性认知或自我否定性评价，即使没有概括的倾向性认知或自我否定性评价，但能尊重司法机关的评判，都可以认为是有认罪表现。可见，如实供述事实是认罪的前提和表现，但如实供述事实不等于认罪。行为人如果认罪，即认识到自己的行为是有罪过的，是与法律所倡导的价值取向不符的违法犯罪行为，需承担不利后果，那么以后会有所畏惧，行为人如果认识不到自己的行为是违法的，坚决认为自己的行为是一种合法的行为，那么说明行为人对自己的罪过没有认识，以后极有可能再次做出相同的行为，法官对其也就很难做出不再犯的期待。(2) 拒不认罪则无悔罪表现或悔罪不彻底。行为人对自己的行为坚持认为无罪或者认为自己的行为是合法的行为，尤其经过释法说理后仍坚持认为自己的行为不具有社会危害性，不是违法犯罪行为时，在这种认知的引导下，行为人会对相关法律无所顾忌，对自己的行为没有自我约束，更不会对自己所犯之罪进行悔悟和改过。因此，悔罪的前提是认罪，若不认罪，悔罪便无从谈起，便不能宣告缓刑。(3) 不能以《自首批复》中认定自首、《认罪认罚指导意见》中认定认罪的标准认定缓刑中的悔罪表现。一方面，从法官对被告人的量刑过程看，首先是根据被告人的自首、认罪、悔罪等情节确定对被告人的主刑，其次才是根据《中华人民共和国刑法》第七十二条的规定考量其有无不再犯可能性等因素来确定对其是否宣告缓刑。二者的侧重点不同，前者侧重对被告人是否降格量刑、是否从宽以及从宽幅度等，而后者侧重有无真诚悔罪、是否具有不再犯可能性及宣告缓刑的影响等。侧重点不同，审查角度及标准自然不同，不能以《自首批复》中对行为性质的辩解不影响自首的认定以及《认罪认罚指导意见》中对认罪的把握来类推缓刑中的悔罪表现。另一方面，从老百姓的朴素认知看，判处实刑，不管时间长短，也不论哪个刑种，均是对被告人的刑事处罚，而宣告缓刑，一般就认为与未受刑事处罚无异。两种截然不同的刑罚执行方式实实在在地影响了老百姓眼中看得见的正义，必然要求法官在考量是否宣告缓刑时更加严谨，不能简单地将对悔罪表现的考察与《自首批复》中对行为性质的辩解不影响自首的认定以及《认罪认罚指导意见》中对认罪的把握同一标准，一概而论。(4) 刑事司法政策影响缓刑宣告。对于满足《中华人民共和国刑法》规定的缓刑宣告条件的行为人，是否一定宣告缓刑，答案并不唯一，因为对行为人宣告缓刑，除满足刑法规定的缓刑宣告条件外，还要结合地方刑事司法政策进行综合考量，既要做到个案中对行为人的处罚罪责刑相适应，又要做到类案平衡。本案中，被告人孙某虽如实供述事实，但拒不认罪，且辩解自己的行为不构成犯罪，经释法说理后仍认为自己的行为是合法行为，说明被告人孙某无悔罪表现，具有再犯可能性，不符合《中华人民共和国刑法》第七十二条规定的缓刑宣告条件，不符合当地刑事司法政策。故，一审对其判处实刑有期徒刑一年，二审维持一审判决。

编写人：山东省淄博市周村区人民法院　李长艳

41

缓刑考验期间违反法律、行政法规“情节严重”的司法认定

——周某某容留卖淫案

【案件基本信息】

1. 裁判书字号

江苏省宜兴市人民法院（2021）苏0282刑更7号刑事裁定书

2. 案由：容留卖淫罪

【基本案情】

2020年4月15日，周某某因犯介绍卖淫罪被宜兴市人民法院判处有期徒刑七个月，缓刑一年，并处罚金人民币15000元，缓刑考验期自2020年4月26日起至2021年4月25日止。

周某系周某某叔叔，双方房屋相邻。2021年2月14日下午，周某某因房屋地基纠纷将周某浇筑的水泥墙、石条等物品损坏。2021年4月22日，价格认证中心出具价格认定结论书，被损坏财物价格为373元。同日，某县公安局

组织双方当事人进行调解，周某某愿意赔偿1000元，但周某不接受，调解不成。4月23日，某县公安局以周某某的行为构成故意毁坏财物，给予周某某行政拘留六日的行政处罚。6月8日，某县司法局作出撤销缓刑建议书，建议对周某某给予撤销缓刑。

因不服上述行政处罚决定，周某某提起行政复议，某县人民政府于2021年8月9日作出行政复议决定书，维持行政处罚决定。后周某某提起行政诉讼，2022年3月29日，某区人民法院判决驳回周某某的诉讼请求，周某某遂提起上诉。

【案件焦点】

周某某在缓刑考验期间，因邻里纠纷损坏对方财物被行政拘留，是否属于违反法律、行政法规情节严重的情形，是否应当撤销缓刑。

【法院裁判要旨】

江苏省宜兴市人民法院经审理认为：罪犯周某某在社区矫正期间，故意毁坏他人财物，价值人民币373元，其行为违反治安管理法律，应当受到相应惩处。但罪犯的行为是在认为自己房屋地基受到他人侵犯的情况下发生，属事出有因，应区别于赌博、吸毒等形式的违法行为。事发后，罪犯周某某在公安机关调解过程中愿意以高出实际损失的价格作赔，表明其有悔过之意。被害人周某系罪犯周某某同族宗亲，该矛盾属一般性可调和的民间纠纷。罪犯周某某在接受社区矫正过程中，接受监管，无其他不良表现，且临近矫正期满。故，本院认为罪犯周某某在缓刑考验期限内虽有违反监管行为，不能不论情节轻重，一律撤销缓刑，应当根据具体情况进行综合考量。根据本案具体情况，罪犯周某某的行为尚不属于《中华人民共和国刑法》第七十七条第二款所规定的情节严重情形，对罪犯周某某以不予撤销缓刑为宜。

江苏省宜兴市人民法院依照《中华人民共和国刑法》第七十六条的规定，裁定如下：

维持本院（2019）苏0282刑初1283号刑事判决书中以被告人周某某犯容

留卖淫罪，判处有期徒刑七个月，缓刑一年的判决。

【法官后语】

我国法律对缓刑考验期间违反监督管理规定以及人民法院判决中的禁止令“情节严重”的情形作出了相对明确的规定，但是未对“违反法律、行政法规情节严重”的情形作出明确规定。《中华人民共和国刑法修正案（八）》对缓刑适用条件进行了修订，将“适用缓刑确实不致再危害社会”修改成“没有再犯罪的危险”，缓刑适用条件进一步放宽。笔者认为，违法行为一定会危害社会，但尚未达到犯罪标准时，仍有缓刑适用余地。对于是否继续适用缓刑，应当结合违法行为原因、行为性质、行为人的态度等综合认定是否达到“情节严重”的程度。

1. 违法行为并非随意而为，属事出有因，对方当事人也有过错。本案中，周某某与其叔叔周某因地基归属产生纠纷，双方都认为该地基属于自己所有，周某某在自认为自身权益受到侵害的情况下，出于维护自身权益而实施毁坏他人财物的行为，应区别于毫无缘由随意毁坏他人财物的行为。对方当事人遇争议未经充分协商而单方面改变现状的行为也是矛盾激化的原因。

2. 违法行为控制在特定范围内，不具有广泛的人身危险性。根据《治安管理处罚法》的规定，故意损毁公私财物的，最低也要处行政拘留五日。本案中周某某故意损毁他人财物的行为与通常意义上的故意损毁公私财物存在一定区别。从主观恶性来看，周某某是出于维护自身权益的目的，行为只针对纠纷当事人，与因为心情不好乱撒气损毁公私财物、出于泄私愤损毁公私财物等情形相比，主观恶性较小；从行为方式来看，周某某损毁财物的具体方式是敲墙壁、将石条扔在地上，与用刀划伤汽车、驾车冲撞道闸等情形相比，情节相对轻微；从行为对象来看，周某某的行为与盗窃、诈骗、哄抢等存在本质区别，其行为仅针对周某浇筑的墙壁，行为对象具有特定性，而盗窃、诈骗、哄抢一般不具有特定的指向性，会侵害不特定多数人的利益，社会危害性更大、范围更广；从行为后果来看，周某某的行为仅造成对方财产损失，案涉被损毁财物价值应作为重要参考依据，周某某损毁财物价值仅373元，属情节显著轻微。

3. 事后愿意积极赔偿，而非违法后经警告教育仍不改正。周某某在损毁财物后，深刻认识到自己的错误，提出愿意以近损毁财物价值3倍金额进行赔偿。本案被损害法益具有可修复性，周某某通过货币补偿，能够使周某利益损害得到修复，实现刑法的社会关系恢复功能。但因叔侄矛盾积怨已久，周某出于一时气愤不愿接受周某某的赔偿，周某某基于客观原因，无法完成整个赔偿过程，并不影响对周某某愿意积极赔偿、认罪悔罪态度较好的认定。同时，在法院组织的听证会上，周某某认罪悔罪态度较好，并表示不管本案最终结果如何，未来都会好好孝敬其叔叔，可见其已通过此次事件受到深刻教训。

本案系因民间纠纷引发，与普通违法行为具有本质区别。周某某虽在缓刑考验期间被行政拘留，但结合本案案发原因、周某某缓刑考验期间表现、认罪悔罪态度等具体情况，尚未达到违反法律、行政法规情节严重，不予撤销缓刑更有利于实现法律效果和社会效果的统一。周某某与周某系亲叔侄，早先两家关系不错，因为地基纠纷产生矛盾且积怨已久，这也是周某不肯接受赔偿款、不愿谅解周某某的重要原因。如果周某某被撤销缓刑收监执行原判刑罚，双方之间的矛盾不但没有得到化解，反而会进一步加深。本案的处理结果符合法律的理性、精神和价值，也符合普通民众的心理预期和公平正义的观念，有利于化解双方矛盾，修复邻里关系。

编写人：江苏省宜兴市人民法院　陆妍

（五）减刑和假释

42

财产性判项履行情况的实质性审查

——陈某走私普通货物案

【案件基本信息】

1. 裁判书字号

北京市第一中级人民法院（2022）京01刑更12号刑事裁定书

2. 案由：走私普通货物罪

【基本案情】

罪犯陈某2015年9月因犯走私普通货物罪被判处有期徒刑十年六个月。陈某任法定代表人的商贸公司也因犯走私普通货物罪同案被判处罚金人民币1300万元。判决发生法律效力后，罪犯陈某被交付执行，刑期自2014年3月31日起至2024年9月29日止。罪犯陈某于2019年3月被裁定减刑有期徒刑九个月（减刑后应执行的刑期自2014年3月31日起至2023年12月29日止）。

某监狱认为罪犯陈某符合假释条件，于2022年10月24日报请北京一中院对罪犯陈某予以假释。北京市团河地区人民检察院基本同意某监狱的意见，但认为罪犯陈某恶意注销商贸公司，导致原判罚金刑被执行主体灭失，无法继续履行，直接影响本案财产性判项履行情况，只是鉴于罪犯陈某自愿以个人财产缴纳公司罚金，可以认定其认罪悔罪程度较高，符合假释条件。建议法院对罪犯陈某裁定予以假释。

北京一中院经审理查明，某监狱据以报请对罪犯陈某假释的事实属实。法院另审理查明，罪犯陈某任法定代表人的商贸公司在刑事案件中涉及偷逃税款人民币1296万余元，已于2016年11月全部补缴到位。法院在执行过程中，扣划商贸公司账户中剩余的9万余元用以缴纳公司被判处的罚金。陈某是商贸公司持股66.67%的股东（公司的另一股东是陈某的女儿陈甲），陈某在入监服刑后，指使陈甲在未经清算的情况下，将公司予以注销。

在北京一中院审理罪犯陈某假释案期间，罪犯陈某的亲属自愿代商贸公司缴纳罚金人民币1290万余元。至此，商贸公司被判处的罚金人民币1300万元全部缴纳完毕。

【案件焦点】

单位犯罪案件中，何种情况下，个人应对单位被判处罚金承担责任。

【法院裁判要旨】

北京市第一中级人民法院经审理认为：罪犯陈某已执行原判刑期二分之一以上，在服刑改造期间，认真遵守监规，接受教育改造，原判财产性判项已全部履行完毕，确有悔改表现，没有再犯罪的危险，符合假释条件。某监狱的假释建议，北京市团河地区人民检察院的出庭意见，均予以采纳。综合考虑罪犯陈某犯罪的具体情节、原判刑罚情况，在刑罚执行中的一贯表现，假释后生活来源以及监管条件等因素，依照《中华人民共和国刑法》第八十一条第一款及第三款、第八十二条、第八十三条，《中华人民共和国刑事诉讼法》第二百七十三条第二款及《最高人民法院关于办理减刑、假释案件具体应用法律的规定》第二十二条、第二十三条第一款、第二十八条之规定，裁定：

对罪犯陈某予以假释（假释考验期限，自假释之日起计算，即自2022年11月25日起至2023年12月29日止）。

【法官后语】

在减刑、假释案件中，财产性判项的履行情况是判断罪犯是否确有悔改表现的重要依据。财产性判项在实践中的情况五花八门，对之履行情况进行判断时，应遵循“法秩序统一性”进行实质化审查，避免挂一漏万。

法秩序统一性，是指“由宪法、刑法、民法等多个法域构成的法秩序之间互不矛盾，更为准确地说，在这些个别的法领域之间不应作出相互矛盾、冲突的解释”。法秩序统一性要求刑法与民商法等前置法对于同一行为在不同法域不应作出相互矛盾的评价。减刑、假释案件的实质化审查同样必须坚持“法秩序统一性”，不仅要依据刑事法律规范，在刑事法律规范阙如之处，还可以参照民商事法律规定，从而作出符合刑事和民商事法律规范，两者保持协调统一的解释。

本案是单位犯罪，说明商贸公司并非设立后以实施犯罪为主要活动或者个人为进行违法犯罪活动而设立，公司的独立法人人格并未被否定。陈某虽是商贸公司持股66.67%的股东，但对于商贸公司尚未履行的罚金刑，在承认公司具有独立人格的情况下，让作为股东的陈某为此承担责任，刑事法律规范缺乏相应的规定。如果仅依据刑事法律规范，陈某在本案中并无应履行的财产性判项，仅是商贸公司的罚金刑尚未履行，股东无须为此担责。也正因如此，陈某走私案的执行法院出具了陈某财产性判项已全部履行完毕的证明材料。

对此，笔者认为应当跳出刑事法律规范的窠臼，从“法秩序统一性”的视角，结合民商事法律规范，进行实质化的审查判断。如此，方能避免出现民商事法律规范规定了相关内容而刑事法律规范却付之阙如，民商事法律规范规定的内容反而严于刑事法律规范等悖论。

回到本案中，商贸公司尚未履行的罚金刑实质上属于公司的债务，与公司所负的民商事债务本质上并无不同。从“法秩序统一性”视角评价陈某的财产性判项是否履行完毕，实际上即是判断在商贸公司法人财产不足以清偿生效法律文书确定的债务时，是否可以由股东承担责任，何种情况下由股东承担责任。虽然刑事法律规范付之阙如，但在民商事领域对此有着明确的规定，完全可以依据这些规定来认定陈某是否应对公司债务、对公司的罚金刑承担责任。

审查案件后可以发现，罪犯陈某在入监服刑后，指使公司的另一股东其女儿陈甲，在未经清算的情况下，将公司予以注销。根据《最高人民法院关于民事执行中变更、追加当事人若干问题的规定》，有限责任公司未经清算即办理注销登记，导致公司无法进行清算，股东对公司债务承担连带清偿责任。举轻以明重，如果民商事案件的执行中，股东尚且应该承担责任，在刑事案件中，股东自然也应承担责任。据此，笔者认为，陈某的财产性判项尚未全部履行完毕，其仍应对商贸公司的罚金1300万元承担责任。

在此基础上，经司法机关工作，陈某及其亲属认可陈某应对商贸公司的罚金承担责任，并在法院审理期间缴纳罚金1290万余元，至此，商贸公司被判处的罚金1300万元全部缴纳完毕，陈某原判案件的财产性判项方才全部履行完毕。

编写人：北京市第一中级人民法院　林辛建

43

无期徒刑减为有期徒刑后犯新罪，减刑应从严把握减刑幅度

——胡某故意伤害、破坏监管秩序案

【案件基本信息】

1. 裁判书字号

江苏省无锡市中级人民法院（2022）苏02刑更665号刑事裁定书

2. 案由：故意伤害罪、破坏监管秩序罪

【基本案情】

罪犯胡某，2000年8月10日因犯故意伤害罪被江苏省高级人民法院判处无期徒刑，剥夺政治权利终身，赔偿附带民事诉讼原告人经济损失人民币2万元。2003年4月24日被江苏省高级人民法院裁定减为有期徒刑十九年六个月、

剥夺政治权利改判九年。2007年1月8日、2009年4月8日、2012年3月21日、2014年1月20日和2015年11月3日被江苏省南京市中级人民法院五次裁定减刑，共计减刑5年9个月（刑期至2017年1月23日止），剥夺政治权利改判三年。

罪犯胡某犯破坏监管秩序罪，于2017年6月5日被南京市雨花台区人民法院判处有期徒刑一年六个月，与前罪尚未执行的有期徒刑五年九个月、剥夺政治权利九年合并，决定执行有期徒刑六年，剥夺政治权利九年。该罪犯不服，提出上诉。江苏省南京市中级人民法院于2017年7月26日作出（2017）苏01刑终506号刑事裁定，驳回上诉，维持原判。刑期自2017年1月23日起至2023年1月22日止。

执行机关江苏省某监狱认为，罪犯胡某在服刑期间，确有悔改表现，符合减刑条件，建议对罪犯胡某减去有期徒刑七个月，剥夺政治权利九年不变。

检察机关认为，罪犯胡某系被判处无期徒刑减为有期徒刑再减刑的罪犯，且附带民事赔偿人民币2万元未履行，减刑时应当从严缩减减刑幅度。

【案件焦点】

罪犯胡某在无期徒刑减为有期徒刑后犯新罪，减刑时是否应从严缩减减刑幅度。

【法院裁判要旨】

江苏省无锡市中级人民法院经审理认为：罪犯胡某在服刑期间能认罪悔罪；认真遵守法律法规及监规，接受教育改造；积极参加思想、文化、职业技术教育；积极参加劳动。2018年5月、2018年11月、2019年6月、2019年12月、2020年5月、2020年11月、2021年5月、2021年11月，共受到表扬八次。

另查明，罪犯胡某系被判处无期徒刑减为有期徒刑，在服刑期间因故意伤害他人又犯新罪的罪犯，且前罪附带民事赔偿人民币2万元未履行。

办理减刑案件应当综合考察罪犯犯罪的性质和具体情节、社会危害程度、原判刑罚及财产性判项的履行情况、交付执行后的一贯表现等因素。罪犯胡某虽在服刑期间认真遵守法律法规和监规，接受教育改造，有一定的悔改表现，符合减刑的法定条件，本院准予减刑；但鉴于其犯故意伤害罪被判处无期徒刑后减为有期徒刑，在服刑期间因故意伤害他人又犯新罪，人身危险性高，且前罪未履行财产性判项，故减刑时应予从严缩减减刑幅度。依照《中华人民共和国刑法》第七十八条、第五十八条，《中华人民共和国刑事诉讼法》第二百七十三条第二款，《最高人民法院关于办理减刑、假释案件具体应用法律的规定》第二条、第六条、第七条、第九条、第十一条和《最高人民法院关于减刑、假释案件审理程序的规定》第十六条第一款第一项的规定，裁定如下：

将罪犯胡某的刑罚减去有期徒刑六个月（减刑后的刑期至 2022 年 7 月 22 日止），剥夺政治权利九年不变。

案件裁判已发生法律效力。

【法官后语】

减刑、假释是激励罪犯改造的刑罚制度，其适用应当贯彻宽严相济刑事政策，以最大限度发挥刑罚功能，实现刑罚目的。减刑、假释系对罪犯改造表现的奖励，而非罪犯的权利。《最高人民法院关于办理减刑、假释案件具体应用法律的规定》第二条对《中华人民共和国刑法》第七十八条第一款规定“可以减刑”的条件规定为“……应当综合考察罪犯犯罪的性质和具体情节、社会危害程度、原判刑罚及生效裁判中财产性判项的履行情况、交付执行后的一贯表现等因素”，第三条对“确有悔改表现”的含义作出界定，主要考察罪犯在服刑期间是否认罪悔罪、遵守法律法规及监规等因素。本案中，罪犯胡某在本次减刑考核期间受到行政表扬八次。执行机关某监狱认为罪犯胡某确有悔改表现，鉴于胡某附带民事赔偿人民币 2 万元未履行，应缩减减刑幅度，故向人民法院提出减刑建议，建议对罪犯胡某减去有期徒刑七个月。但是根据最高人民法院、最高人民检察院、公安部、司法部共同制定的《关于加强减刑、假释案件实质化审理的意见》的规定，死刑缓期执行、无期徒刑罪犯减为有期徒刑后再减刑时，在减刑间隔时间及减刑幅度上，应当从严把握。某监狱建议对胡某减去有期徒刑七个月，仅考虑了其附带民事赔偿 2 万元未履行这一从严情节，对无期徒刑减为有期徒刑再减刑这一从严情节未考虑。虽然胡某前罪经过多次减刑，剩余刑期仅五年九个月，但他在服刑期间又犯新罪，被判处有期徒刑一年六个月，与前罪尚未执行的有期徒刑五年九个月合并，决定执行有期徒刑六年。诚然，该判决结果看似未被判处无期徒刑，似乎可以挣脱“无期徒刑减为有期徒刑后再减刑”的限制，但胡某服刑期间因故意伤害他人又犯新罪，证明该罪犯人身危险性并未得到完全消除，主观恶性大，缺乏真诚悔罪的思想自觉和行动表现，前罪一系列减刑未能体现刑罚功能，且本次减刑系该犯犯新罪后第一次减刑，人民法院可以综合考量其认罪悔罪及服刑期间表现，从严把握减刑幅度。认定胡某属于被判处无期徒刑减为有期徒刑再减刑的罪犯，并从严把握减刑幅度，更有利于刑罚功能的体现和宽严相济刑事政策的贯彻落实。

编写人：江苏省无锡市中级人民法院　汤燕峰

三、刑事证据

44

行政证据作为刑事定案证据的认定标准

——朱某非法买卖枪支案

【案件基本信息】

1. 裁判书字号

北京市第二中级人民法院（2022）京02刑终40号刑事裁定书

2. 案由：非法买卖枪支罪

【基本案情】

2020年1月至7月，被告人朱某向靳某非法出售某1型、“沙漠之鹰”型、某2型等3支枪状物。2020年7月16日，民警在靳某位于北京市西城区的家中将上述枪状物起获。经鉴定，3支枪状物以压缩气体为动力，均认定为枪支。被告人朱某于2020年7月16日被查获归案。

【案件焦点】

对公诉机关指控的朱某从他人处购买10支枪支及非法制造2支枪支的事实，相关检查笔录、鉴定意见、证人证言系公安机关依据《中华人民共和国治安管理处罚法》进行的取证，能否予以认定。

【法院裁判要旨】

北京市房山区人民法院经审理认为：对公诉机关指控的朱某从他人处购买10支枪支及非法制造2支枪支的事实，经对在案证据进行审查发现，公诉机关提供的证据中，检查笔录、证据保全决定书、枪支鉴定书、证人证言等证明本案事实的关键证据均是依据《中华人民共和国治安管理处罚法》进行取证，且均系在刑事立案之前取得的证据。根据《最高人民法院关于适用〈中华人民共和国刑事诉讼法〉的解释》的规定，行政机关在行政执法和查办案件过程中收集的物证、书证、视听资料、电子数据等证据材料，经法庭查证属实，且收集程序符合有关法律、行政法规规定的，可以作为定案的根据。本案中，相关鉴定意见、检查笔录、证人证言均不在前述司法解释规定的范围之内，且经本院要求补充侦查，公安机关出具说明证实涉案枪支在本案审结前已经被销毁，无法对证据进行重新收集，公中华人民共和国安机关未依据《中华人民共和国刑事诉讼法》在刑事立案之后进行取证，前述证据不符合《中华人民共和国刑事诉讼法》关于刑事证据的相关规定，故本院对该证据不予采纳，对公诉机关指控被告人朱某从他人处购买10支枪支及非法制造2支枪支的事实不予认定。故判决：

一、被告人朱某犯非法买卖枪支罪，判处有期徒刑四年六个月；

二、随案移送物品，依法予以处理。

北京市房山区人民检察院提出抗诉，朱某提出上诉。关于公诉机关所提相关鉴定意见、检查笔录等证据虽系在行政执法中取得，但亦合法有效，且能与其他证据相互印证，应作为刑事证据予以采信；在案证据足以证明朱某非法制造2支枪支、非法购买10支枪支的犯罪事实，北京市第二中级人民法院同意一审法院裁判意见。故裁定：

驳回北京市房山区人民检察院的抗诉及朱某的上诉，维持原判。

【法官后语】

司法机关作为最终的裁量机关，应当严格把握刑事证据的标准，倒逼公诉机关、侦查机关依法办案，避免默许以行政执法替代刑事侦查的不规范现象。

一是按照立法本意，可以直接作为刑事证据的行政证据仅有法条明文表述的四种实物证据类型。负责拟定《中华人民共和国刑事诉讼法》修改条文的全国人大常委会法制工作委员会刑法室曾指出，该法第五十四条第二款“涉及的证据材料范围是物证、书证、视听资料、电子数据等实物证据，不包括证人证言等言词证据”①。

二是证明标准和取证程序的差异决定了刑事案件的证据应当具备更高的证据能力和证明力。首先，就证明标准而言，刑事案件的证明标准最为严格，即案件事实清楚、证据确实充分，并且注重证据链的形成，注重主客观证据间的对应关系。而对行政案件中不同类型的行政行为可能采取不同的证明标准（如优势证据、高度盖然性等），故对证据在客观性、关联性上的要求都较低。其次，就取证程序而言，刑事侦查程序不但要收集证明犯罪事实的证据，而且要保证收集过程合法规范。行政案件收集证据注重及时性，在地点、方式、权利告知等方面没有严格的要求。言词证据与案件事实的走向息息相关，但容易受主观意愿及环境条件等因素影响，故出于尊重和保障被告人基本人权的考虑，对行政执法及查办案件过程中形成的言词证据，不得直接作为刑事证据使用。

三是以审判为中心的诉讼制度确立了司法机关作为解释主体应当具有相对权威性②。庭审实质化的诉讼结构赋予了司法机关更高的解释权。在修改完善2012年《最高人民法院关于适用〈中华人民共和国刑事诉讼法〉的解释》第六十五条（现行《最高人民法院关于适用〈中华人民共和国刑事诉讼法〉的解释》第七十五条）时，最高人民法院决定与《中华人民共和国刑事诉讼法》第五十四条第二款的规定保持一致，并强调其中的“等”原则上应作“等内”解释③。因此，当司法解释之间发生分歧时，应当以最高人民法院公布的《最高

① 全国人大常委会法制工作委员会刑法室编：《关于修改〈中华人民共和国刑事诉讼法〉的决定条文说明、立法理由及相关规定》，北京大学出版社2012年版，第49页。

② 张泽涛：《论刑事诉讼非法证据排除规则的虚置——行政证据与刑事证据衔接的程序风险透视》，载《政法论坛》2019年第5期。

③ 李少平主编、《刑事诉讼法解释》起草小组编著：《最高人民法院关于适用〈中华人民共和国刑事诉讼法〉的解释理解与适用》，人民法院出版社2021年版，第199页。

人民法院关于适用〈中华人民共和国刑事诉讼法〉的解释》为准。

四是等外解释作为例外情况应当仅限于个案，不宜被大量适用。首先，证据类型不得包括证人证言及被害人陈述。其次，该证据必须属于定案的关键性证据，对犯罪事实的证明力极强，且有其他在案证据可以相互印证。再次，收集证据的程序符合法律、行政法规的规定并配有取证当时拍摄的录像、图片或视听材料。最后，只有因不可抗力等客观原因导致无法重新鉴定、勘验、检查时，才可以考虑采纳此类证据。

本案认定被告人朱某购买10支枪支及非法制造2支枪支的检查笔录、鉴定意见、证人证言均是定案的关键证据，均在刑事立案之前依据《中华人民共和国治安管理处罚法》取得，且不属于前述《中华人民共和国刑事诉讼法》及《最高人民法院关于适用〈中华人民共和国刑事诉讼法〉的解释》规定的四种可以直接作为刑事证据的类型，应当重新取证。特别是涉案枪状物系公安机关于2020年7月16日查获，同日委托鉴定并出具了枪支鉴定结果，而本案于2020年7月17日刑事立案侦查，公安机关完全有条件和能力进行证据转化，但未依据刑诉法重新委托，程序上不符合规定。在法院要求补充侦查后，公安机关出具说明证实涉案枪支已被销毁，无法重新收集证据。根据《公安机关办理刑事案件程序规定》第二百三十六条第二款的规定，对于违禁品，应当依照国家有关规定处理；需要作为证据使用的，应当在诉讼终结后处理。涉案枪状物属于违禁品，且需要当庭作为物证使用，公安机关提前销毁的行为属于违法行为。根据《中华人民共和国刑事诉讼法》的规定，对不符合法定程序收集的物证、书证，可能严重影响司法公正的，应当进行补正或作出合理解释，否则应予排除，不得作为判决的依据。本案据以定罪的枪状物作为关键物证在案件审结前被提前销毁，导致无法重新鉴定，该证据既不能补正也无合理解释，属于重大瑕疵，且非因不可抗力等客观原因导致，故应予排除。根据存疑有利于被告人的原则，其证明的事实与罪名也不予认定。

编写人：北京市高级人民法院　李超

北京市房山区人民法院　董杰

45

瑕疵证据能否作为定案依据的问题

——阳某某危险驾驶案

【案件基本信息】

1. 裁判书字号

广西壮族自治区柳州市中级人民法院（2023）桂 02 刑终 30 号刑事裁定书

2. 案由：危险驾驶罪

【基本案情】

2021 年 12 月 15 日 19 时许，被告人阳某某与同事覃某某等一起在三江县某酒楼吃饭喝酒。约 22 时许，被告人打车回到住处，并在其车上休息。当天 23 时 20 分许，被告人阳某某驾驶桂 B7××××号小型轿车行驶至三江县某大道路段时，与道路中央隔离栏发生碰撞，路过的证人杨某某发现护栏被撞坏后报警，此次交通事故造成车辆及中央隔离栏损坏。交警接警后在事故处置过程中发现阳某某疑似酒驾，经鉴定阳某某血液中乙醇含量为 175.48 毫克/100 毫升。经三江侗族自治县公安局交通管理大队认定，阳某某负事故全部责任。案发后阳某某赔偿了建筑工程公司修复该道路中央隔离栏的全部损失。

【案件焦点】

1. 血样的提取、封存和送检等取证程序是否违法，本案的鉴定意见能否作为定案证据；2. 本案认罪认罚是否存在威逼利诱。

【法院裁判要旨】

广西壮族自治区三江侗族自治县人民法院经审理认为：关于本案中取证程

序是否违法，鉴定意见能否作为定案证据的问题，根据《中华人民共和国刑事诉讼法》第五十六条的规定，收集物证、书证不符合法定程序，可能严重影响司法公正的，应当予以补正或者作出合理解释，不能补正或者作出合理解释的，对该证据应当予以排除。在本案中，血样采集和送检虽然存在瑕疵，但公安机关和鉴定机构均已出具相关情况说明，不存在可能严重影响司法公正的情形，故本案鉴定意见可作为定案依据。

关于本案的认罪认罚是否存在威逼利诱的情形，在侦查阶段，民警讯问前已将《犯罪嫌疑人认罪认罚从宽制度告知书》交由阳某某阅读，并作解释，阳某某当场表示认罪并签字确认，讯问过程同步录音录像也没有显示阳某某遭受威胁利诱；在审查起诉阶段，检察院出具的《认罪认罚从宽制度告知书》及在签署认罪认罚时的视频，均能证实阳某某在签署认罪认罚的过程中程序合法。

综上，被告人阳某某违反交通安全法的规定，醉酒后在道路上驾驶机动车，其行为已构成危险驾驶罪。针对阳某某及其辩护人提出阳某某主观上没有犯罪故意，公安机关取证程序违法，鉴定意见不能作为定案依据，以及签署认罪认罚具结书仅仅是为了配合办案机关的意见，不予采纳。阳某某经公安机关电话通知主动到案，归案后能如实供述其犯罪事实，其行为可以认定为自首，可依法从轻或者减轻处罚；被告人阳某某发生交通事故并负全部责任，在案发后主动赔偿了建筑工程公司修复交通护栏的费用 1.11 万元，有一定的悔罪表现，可酌情对其从轻处罚。根据被告人阳某某犯罪的性质、情节及对社会的危害程度，依照《中华人民共和国刑法》第一百三十三条之一、第六十七条第一款、第四十四条、第五十二条、第五十三条、第七十二条、第七十三条第一款及第三款，作出如下判决：

被告人阳某某犯危险驾驶罪，判处拘役二个月，缓刑三个月，并处罚金人民币 3000 元。

阳某某不服一审判决，提起上诉，二审法院经审理认为原判认定事实清楚，证据确实、充分，定罪准确，量刑适当，适用法律正确，审判程序合法。依照《中华人民共和国刑事诉讼法》第二百三十六条第一款第一项的规定，裁定如下：

驳回上诉，维持原判。

【法官后语】

本案处理重点在于取证过程存在瑕疵，作出的鉴定意见能否作为定案依据。

本案中，阳某某提出公安机关取证程序违法，对采集的血样的保管封存程序不合法，未当场固定证据，血样采集也达不到公安部的强制性标准，鉴定意见不能作为定案依据。

根据规范，血液样本宜提取上肢外周静脉血液。提取的血液样本应分为A管和B管，其中一管用于检测，另一管用于复核备用，每管中采血量应不少于2毫升。提取到试管中的血液样本，应轻轻摇动，与抗凝剂进行充分接触后，当场装入物证密封袋并封存。《中华人民共和国刑事诉讼法》第五十六条规定，收集物证、书证不符合法定程序，可能严重影响司法公正的，应当予以补正或者作出合理解释，不能补正或者作出合理解释的，对该证据应当予以排除。综合本案证据，阳某某在医院抽取血样后，办案民警使用医用一次性手套将血样封装带回公安机关，并于当日将血样送鉴，鉴定机构在接收样本时，该血样体积约为1.9毫升，以上取证程序确实存在瑕疵，但公安机关和鉴定机构均给予合理解释，故本案的鉴定意见可以采信，能作为定案依据，理由如下：

1. 公安机关出具的情况说明及相关视频记录显示阳某某的血样在送往柳州市疾病预防控制中心司法鉴定所的过程中全部在民警视线及监控范围内进行，不存在调包及污染的情况；

2. 民警用一次性手套将血样封装带回公安机关，其原因是出警警车上物证密封袋不足，在将血样带回公安机关后，民警也及时将血样A、B管按规定分别进行封存，A管使用证物袋密封、B管使用送检封装盒封装，两管血样均保存于物证冷藏柜中，对此公安机关也出具了相关情况说明；

3. 柳州市疾病预防控制中心司法鉴定所出具的情况说明及相关照片，则显示其单位收到送检的阳某某血样时，血样放置于密封盒中，密封盒外观完好无损，贴有交通管理大队密封条并盖公章，抗凝真空试管编号为：Y157××××，血样编号与公安机关封存送检的B管血样一致，另外鉴定机构出具的情况说明中也表示因采血管为抗凝真空试管，规格为2.0毫升，实际采血体积的多少与管内负压大小有关，实际采血的体积一般在2.0毫升左右，体积为估读数值，且其单位每次进行血样乙醇含量鉴定需要用到的血样体积为0.2毫升，因此1.9毫升的血样用于乙醇含量鉴定已经足够。

本案是实体公正和程序公正的碰撞，程序公正保障实体公正，二者有别，但最终都是为了实现司法公正。案件中涉及的血液采集技术规范，对司法人员和检测人员来说是一种约束和限制，但这也是保护当事人合法权益的体现。本案警醒我们无论是在侦查、审查起诉还是审判阶段都应严格执行相关程序，坚持实体公正和程序公正并重，达到惩治犯罪和保护权利的平衡。

编写人：广西壮族自治区柳州市三江侗族自治县人民法院　陈艳宁

46

非法获取型内幕交易案中被告人拒不认罪，应结合客观证据综合认定

——马某某内幕交易案

【案件基本信息】

1. 裁判书字号

北京市高级人民法院（2022）京刑终77号刑事裁定书

2. 案由：内幕交易罪

【基本案情】

生化公司于2012年2月在深圳证券交易所创业板上市，沈某任生化公司董事长，王某为副董事长兼执行总裁，牛某为董秘兼资本管理中心总监。

2013年年底，生化公司拟将系统公司和产品公司作为并购对象，并对其进行初步筛查和分析。2013年12月18日，牛某完成《生化公司投资价值初步分析报告》。此后生化公司与上述并购对象的德国母公司某公司多次进行沟通。2014年5月5日至5月9日，生化公司聘请证券公司等中介机构进场，了解目标企业情况。2014年6月18日，生化公司与某公司、证券公司等重组参与方召开电话会议，就交易架构、提交约束性报价时间等进行讨论，并形成备忘录。生化公司沈某、王某、牛某等参与此次会议。2014年7月2日，牛某向某公司就重组事项发出约束性报价。2014年8月6日，生化公司发布《停牌公告》，对外称因筹备重大资产重组，公司股票停牌。2014年9月15日，生化公司对外公告重组议案。2014年10月17日，生化公司股票复牌。

经中国证券监督管理委员会（以下简称证监会）认定，生化公司收购系统公司和产品公司股权事项属于《证券法》规定的内幕信息，内幕信息敏感期为2014年6月18日至2014年9月15日，沈某、牛某均为该内幕信息知情人。

2014年6月19日，被告人马某某作为时任生化公司外部董事参与公司第二届董事会第十五次会议，沈某、牛某等亦参会。2014年7月17日、24日，马某某与沈某有过多次通话、接触。2014年6月26日至8月5日，即内幕信息敏感期内，马某某操控马某、张某的证券账户，多次买入生化公司股票，累计75.6937万股，成交额共计人民币2026.801938万元，后于2014年至2017年陆续卖出，共计获利490.903355万元。

2021年11月2日，被告人马某某经公安机关传唤到案。

【案件焦点】

1. 马某某是否非法获取内幕信息；2. 是否构成内幕交易罪。

【法院裁判要旨】

北京市第三中级人民法院经审理认为：被告人马某某作为非法获取证券交易内幕信息的人员，在涉及对证券交易价格有重大影响的信息尚未公开前，利用该内幕信息进行证券交易，其行为已构成内幕交易罪，情节特别严重，依法应予惩处。北京市人民检察院第三分院指控被告人马某某犯内幕交易罪的事实清楚，证据确实、充分，指控的罪名成立。鉴于马某某在行政处罚阶段已退缴大部分违法所得，并足额缴纳罚款，在量刑时可对其酌予从轻处罚，已缴纳的罚款可折抵罚金。故依法判决：被告人马某某犯内幕交易罪，判处有期徒刑六年，并处罚金人民币 1300 万元；向马某某继续追缴违法所得人民币 62655.74 元，予以没收。

马某某提出上诉。北京市高级人民法院经审理认为：在案证据能够证实上诉人马某某在内幕信息敏感期内与相关内幕信息的知情人有过接触、联络，具有非法获取内幕信息的现实可能。马某某为规避监管，违规借用他人证券账户在敏感期内从事证券交易，具有内幕交易的主观意图。马某某借用他人证券账户的时间、交易生化公司股票的时间与内幕信息形成、确定、公开的时间基本一致，具有明显的筹集资金行为，在敏感期内大量买入生化公司股票的行为与其前期大量减持行为相悖，亦与该股票的市场走势相悖，且无法作出合理解释，可以认定其非法获取了内幕信息，并利用该信息进行了证券交易，构成内幕交易罪。鉴于上诉人马某某在一审判决前已退缴大部分违法所得及罚金，一审法院在量刑时已充分考虑该量刑情节，在本院审理期间，马某某的家属虽代为退缴了剩余违法所得及罚金，但总体占比较小，不足以影响量刑。一审法院对上诉人马某某适用法律正确，量刑适当，依法应予维持。据此，裁定如下：

驳回上诉，维持原判。

【法官后语】

对于拒不认罪的非法获取型内幕交易案，可以根据被告人与内幕信息知情人沟通、联络情况，证券账户开户时间，是否借用他人账户，获取时间与交易时间的关系，募集资金情况，是否符合交易习惯等客观证据综合认定。具体到本罪中，可从以下方面加以判定。

1. 马某某在内幕信息敏感期内与内幕信息知情人有多次接触、联络。本案内幕信息形成于 2014 年 6 月 18 日，沈某参与生化公司与某公司、证券公司等并购谈判全过程，系内幕信息的知情人员，马某某与沈某不仅是多年朋友，还存在资金往来，且二人均参加了2014年6月19日的公司董事会，后又有多次通话联络。

2. 马某某开户、销毁、激活资金账户的时间与内幕信息敏感期基本一致。双方公司从2014年2月开始接触、谈判，至同年6月18日双方初步达成合作意向，签订备忘录，内幕信息形成。马某某在本人已有两个证券账户的情况下，于2014年3月、6月分别借用马某、张某证券账户，借用及使用账户时间与内幕信息逐渐形成的时间基本吻合。

3. 马某某买卖生化公司股票行为与内幕信息形成、公开的时间基本一致。内幕信息形成时间为2014年6月18日，股票停牌时间为2014年8月6日，信息公开时间为2014年9月15日，复牌时间为2014年10月17日。马某某利用马某账户于内幕信息形成后一周内开始多次购买生化公司股票，利用张某账户买入生化公司股票的时间是2014年7月4日至7月11日，卖出时间均为股票复牌后1个月左右，买卖行为与生化公司内幕信息敏感期基本一致。

4. 马某某存在亏损卖出部分股票、抵押多套房产贷款等筹集资金大量买入的异常行为。根据深交所提供的生化公司股票2014年6月至8月走势情况，该股票系呈下跌趋势，累计下跌13.98%，同期创业板综合指数累计上涨1.05%，偏离15.03个百分点。马某某作为生化公司股东、董事，了解公司经营状况及股票走势，明知公司股票一路走低，且同期创业板呈上涨趋势，却亏本抛售其他股票、重仓购买生化公司股票，明显有悖常理。

综上，马某某于敏感期内多次与内幕信息知情人接触、联络，不仅利用他人账户频繁、大额买卖生化公司股票（此买卖行为与内幕消息形成、公开时间基本一致），而且其买卖行为与市场走势完全相悖，无法作出合理解释，故可综合判定马某某的行为构成内幕交易罪。

编写人：北京市高级人民法院　蔡秀

北京市东城区人民法院　石魏

47

“零口供”如何定案

——徐某故意杀人案

【案件基本信息】

1. 裁判书字号

北京市高级人民法院（2021）京刑终194号刑事裁定书

2. 案由：故意杀人罪

【基本案情】

2004年12月，被告人徐某将被害人郑某某（女，殁年37岁）杀害并分尸，后将除头部以外的尸体部分抛至本市某加油站东侧200米路南护坡下。徐某于2020年5月30日被民警抓获。

【案件焦点】

本案系“零口供”命案，如何运用其他证据（主要是间接证据）认定案件事实。

【法院裁判要旨】

北京市第一中级人民法院经审理认为：被告人徐某故意非法剥夺他人生命，致人死亡，其行为已构成故意杀人罪，鉴于本案具体情况，对徐某判处死刑，可不立即执行。故判决被告人徐某犯故意杀人罪，判处死刑，缓期二年执行，剥夺政治权利终身。

徐某上诉提出：原判认定事实不清、证据不足，本案不排除第三人作案的可能性，其无罪。其申请证人邱某、张某出庭作证。

北京市人民检察院检察员出庭意见：在案鉴定意见证明，包裹被害人尸体的绸布及线绳上提取到徐某的遗传基因（DNA），尸体鉴定证明被害人系被他人用锐器分尸，结合证人邱某、张某的证言，能够证明案发时间、起因以及徐某将被害人杀害后将被害人头部用锐器切下分尸，使用绿色绸布和三种线绳包裹剩余尸体部分，后进行抛尸的犯罪经过。徐某所提上诉理由无事实及法律依据，不能成立。原判认定徐某犯故意杀人罪的事实清楚，证据确实、充分，定性准确，量刑适当，审判程序合法。建议：驳回徐某的上诉，维持原判。

北京市高级人民法院经审理认为：上诉人徐某故意非法剥夺他人生命，致人死亡，其行为已构成故意杀人罪，依法应予惩处。鉴于本案具体情况，对徐某判处死刑，可不予立即执行。关于徐某所提要求证人邱某、张某出庭作证的申请，以及其与辩护人所提原判认定事实不清、证据不足，徐某无罪的相关上诉理由和辩护意见，经查：（1）证人邱某、张某的证言收集程序和方式合法，内容与证人刘某、郑某、房某等的证言以及徐某的供述等其他证据能够相互印证，且邱某证言作出的时间早于上述其他证据收集的时间，可以排除串证、逼证、诱证等可能性；公安机关根据邱某、张某的证言才得以确定被害人身份，整个侦破过程自然，证人邱某、张某的证言具有真实性、关联性和合法性，可以作为定案的根据。故，关于徐某所提要求证人邱某、张某出庭作证的申请，缺乏必要性，本院不予准许。（2）在案证人证言证明徐某具备现实作案动机；证人邱某、张某的证言能够直接证明徐某与郑某某发生性关系后杀害郑某某，后实施分尸、抛尸行为；在案物证鉴定书证明郑某某体内检出徐某的精斑，包裹郑某某尸体的绸布上检出徐某的血迹，捆绑绸布的白色电缆线上检出徐某的DNA 分型，徐某虽然始终辩称其未杀害郑某某，但对现场遗留其物证痕迹无法作出合理解释或说明；现场勘验笔录证明郑某某尸体被抛至某加油站东侧 200 米路南护坡下；尸检鉴定证明郑某某系被他人用锐器分尸。上述证据已形成完整的证明体系，足以证明徐某杀害郑某某后分尸、抛尸的犯罪事实，且能够排除第三人作案的可能性，徐某的行为已构成故意杀人罪。故，徐某及其辩护人所提无罪的相关上诉理由和辩护意见不能成立，不予采纳。北京市人民检察院建议驳回徐某的上诉，维持原判的意见，理由充分，予以采纳。原审人民法院所作的判决，定罪及适用法律正确，量刑及对附带民事部分处理适当，审判程序合法，应予维持。据此，裁定：

驳回上诉，维持原判。

核准北京市第一中级人民法院（2021）京01刑初1号以故意杀人罪判处被告人徐某死刑，缓期二年执行，剥夺政治权利终身的刑事判决。

【法官后语】

本案系“零口供”故意杀人案件。被告人徐某到案后作过多次口供，始终辩称自己没有杀人，有证据就定罪，时常以沉默不语应对公安机关的讯问。其于2020年5月30日被羁押，直至2020年8月12日首次提及超市员工姓郑的女子；2020年9月4日口供提及郑某某（本案被害人），否认与其发生性关系。这就涉及运用其他证据（主要是间接证据）如何认定案件事实的问题。

2021年《最高人民法院关于适用〈中华人民共和国刑事诉讼法〉的解释》第一百四十条规定了间接证据认定规则，即没有直接证据，但间接证据同时符合下列条件的，可以认定被告人有罪：（1）证据已经查证属实（单一证据）；（2）证据之间相互印证，不存在无法排除的矛盾和无法解释的疑问（证据与证据之间）；（3）全案证据形成完整的证据链（全案证据）；（4）根据证据认定案件事实足以排除合理怀疑，结论具有唯一性（案件结论）；（5）运用证据进行的推理符合逻辑和经验（推理过程）。这是从间接证据定罪的角度对刑事证明标准提出的要求，特别是将“排除合理怀疑”引入刑事证明标准，在证据裁判原则的基础上引入法官的内心确信，是主观与客观相统一的证明标准。对证据的证明力，应结合案件的具体情况，从各证据与待证事实的关联程度、各证据之间的联系等方面进行审查判断。证据之间具有内在的联系，共同指向同一待证事实，且能够合理排除矛盾的，才能作为定案的根据。

本案中，证人邱某、张某的证言对于直接指证徐某故意杀人具有重要作用。因被害人尸体头部缺失，故无法鉴定出真正死因。加之徐某始终拒不供认犯罪事实，故能够证明徐某杀人过程的直接证据只有同监舍证人邱某、张某的证言。

邱某先后有三份证言（2020年8月10日、8月23日、11月24日，均有同步讯问录音录像），张某有二份证言（2020年8月21日，无同步录音录像；2021年5月18日，有同步录音录像）。邱某、张某均系其他案件的犯罪嫌疑人（北京市二中院于2020年11月4日认定邱某犯聚众扰乱军事管理区秩序罪，判处有期徒刑一年四个月；北京市二中院于2020年12月30日认定张某犯故意伤害罪，判处无期徒刑，剥夺政治权利终身，北京高院于2021年9月14日裁定驳回上诉，维持原判）。二人证言的取证程序合法，具有关联性和合法性，重点分析其是否具有真实性。第一，邱某2020年8月10日证言：徐某告诉其，丢钱后的一天，店里来了一个男的，进了超市柜台里面，被徐某看见并骂了这个男的。张某2020年8月21日证言也有类似内容。但此前并无任何证人提及此事，徐某也未供述过此事，直到2020年11月3日才供“小陈是郑某某男性老乡，我曾经看见小陈进过我超市柜台里收钱的地方，我就把他轰出去了”，该供述与邱某、张某的证言相互印证，且远晚于邱某、张某的证言作出时间（先证后供），可以排除系民警告知邱某、张某该情节的情形。第二，邱某2020年8月23日证言：徐某对其说，有一次被害人给徐某擦背被徐某的媳妇看见了，媳妇就急了，骂了徐某一顿。而徐某妻子刘某此前有过多次证言均未提及此事，但8月28日的证言则称“有个叫小周的女子辞职前告诉她注意身边的人，说看见郑某某给徐某擦背，为此还质问徐某”，这与邱某的证言有所印证，且晚于邱某的作证时间，可以排除系民警告知邱某该情节的情形。第三，邱某2020年8月10日证言：超市丢完钱后，郑某某的外甥打过电话让郑某某回家，郑某某说这里丢钱了，现在回不去；过年时家里来人找郑某某，但是当时超市已经换人，新老板说不知道。对此，郑某、房某2020年8月下旬的证言证明：丢钱后家人给郑某某打过电话，郑某某因为丢钱的事心情不好，2005年年初房某来超市找郑某某未果，且超市已停业。上述证言与邱某的证言相互印证，且时间晚于邱某的证言时间，可以排除系民警告知邱某该情节的情形。第四，公安机关出具材料证明，民警系根据邱某、张某的证言才获悉死者的身份，此前民警未能确定被害人的真实身份，不存在民警透露案情让邱、张二人做假证或串证的情形。综上，关于邱某、张某证言中的诸多细节均能与在案其他证据相互印证，且二人证言作出时间早于其他证据获取时间，特别是公安机关此前并不能确定死者身份，确实是依据邱某、张某的证言才得以锁定被害人真实身份。综上，邱某、张某的证言符合证据客观性、关联性、合法性标准，应予采信。

就本案而言，2004年12月，某郊区马路护坡下被发现一个装有女尸的绿色包裹。民警赶赴现场发现死者为一女性（无头部、无身份），包裹物绸布上血迹与女尸体内精斑染色体一致，初步判断为犯罪嫌疑人所留。经比对Y染色体，公安机关发现（上述精斑）8个Y-STR基因座分型与辽宁沈阳市徐某某家系一致，后围绕其家系男性成员开展排查，发现其本家亲属徐某（提取其丢弃的烟蒂和生活垃圾）与包裹物绸布上血迹、女尸体内精斑染色体基因型同一，故确定徐某有重大作案嫌疑。在案证人证言证明徐某具备现实作案动机；证人邱某、张某的证言能够直接证明徐某与郑某某发生性关系后杀害郑某某，后实施分尸、抛尸行为；在案物证鉴定书证明郑某某体内检出徐某的精斑，包裹郑某某尸体的绸布上检出徐某的血迹，捆绑绸布的白色电缆线上检出徐某的DNA分型，徐某虽然始终辩称其未杀害郑某某，但对现场遗留其物证痕迹无法作出合理解释或说明；现场勘验笔录证明郑某某尸体被抛至某郊区马路南护坡下；尸检鉴定证明郑某某系被他人用锐器分尸。上述证据已形成完整的证明体系，足以证明徐某杀害郑某某后分尸、抛尸的犯罪事实，且能够排除第三人作案的可能性，故徐某的行为已构成故意杀人罪。

编写人：北京市高级人民法院　吴小军

48

“零口供”盗窃案的证据运用规则

——郭某盗窃案

【案件基本信息】

1. 裁判书字号

福建省厦门市中级人民法院（2022）闽02刑终323号刑事裁定书

2. 案由：盗窃罪

【基本案情】

2022年1月12日16时至22时，被告人郭某驾驶一辆红色电动车从其位于厦门市海沧区×号×室暂住处至被害人邱某位于厦门市海沧区新垵村东社×号老宅，撬锁进入房屋前厅及祠堂内，将房梁上的清金漆木雕花鸟纹构件、清金漆木雕神仙人物纹构件各二对共计八件拆下，连同被害人邱某存放在该处的清金漆木雕杂宝纹构件一件、房契一件、民国石臼一件、民国粉彩人物纹茶壶一件、十九世纪末眼镜（附牛皮镜盒）一件、民国彩绘花卉纹罐一件、民国青釉印花卉纹小瓶一件、清青花花卉纹印泥盒一件、民国青花“三元及第”墨盒一件、民国粉彩花卉纹盖杯一套二件、民国粉彩鱼藻纹盖杯一套二件、民国粉彩花卉纹碟一套三件、民国粉彩花卉纹盖杯一套二件、民国粉彩花纹碟盖一套四件、民国粉彩花卉纹小杯一套十件、民国彩绘描金盖盒一件、民国描金花鸟纹竹木漆盒一件、二十世纪初合金盒一件装进编织袋中盗出，驾驶上述电动车运回其暂住处。经鉴定，上述被盗物品除民国粉彩花碟纹盖系文物标本外，其余均系一般文物，价值共计人民币56640元。2022年1月14日，公安机关抓获被告人郭某，当场查获上述被盗物品及电动车一辆。上述被盗物品已发还邱某，电动车、鞋子、衣服随案移送。

【案件焦点】

1. 被告人郭某是否构成盗窃罪；2. 估价认定意见是否可以采信。

【法院裁判要旨】

福建省厦门市海沧区人民法院经审理认为：关于被告人郭某的行为是否构成盗窃罪。（1）本案侦破过程客观、自然。本案被害人报案迅速，公安机关锁定郭某为犯罪嫌疑人的过程客观、自然。（2）在案的客观性证据指向明确、单一。视频资料、现场卫星图片示意图、现场方位示意图、现场平面结构示意图、情况说明、从被告人处查扣的涉案物品等客观性证据收集合法、内容真实，具备证明能力，且均指向郭某作案，具有极强的证明力。（3）被告人无罪辩解的理由与在案证据相悖或与常情不符。第一，监控视频显示，未出现过郭某所称的黑衣男子。第二，郭某提及遇见黑衣男子时，边上有个女子拿两床被子在院子里拍灰尘，经调查，收拾毛毯被的妇女正是失主邱某，邱某陈述当时并未见到其他人。第三，在监控视频时间18时14分20秒，邱某拎提包出现，身后有黑影伏入院子围墙的小浅巷，14分29秒，邱某返回院子内的某社×-1号后，该人影出现，30秒时，人影出现在院子里，38秒时，该人影出现在×-1号屋前，朝老宅后门走去，人影因光线变化及接近探头位置，已清晰可辨系郭某。此时，未有郭某所称的黑衣人存在。反之能证明郭某刻意回避突然的出现者。第四，郭某辩解失窃的木质构件在很高的地方，其腿有伤且须有专业技术才能取下，根据现场勘查，失窃现场杂物间西侧放置一架木梯及一架竹梯，且查扣赃物时，木质构件已经损坏，被告人辩解不能作案的理由无法令人信服。第五，被查扣的物品包括被害人先辈的结婚证、往来信件、先人去世时被取下的假牙、地契等，均具有较强的私密性和缅怀意义，邱某陈述不久前仍见过上述物品，未曾出售，也没有亲戚朋友在杏林西滨村生活，且两村隔马銮海湾相望，上述物品弃于西滨村的可能性极小。第六，郭某当庭供称遇见黑衣男子直至收购完毕，用时十余分钟。视频内容显示，郭某进入院子后停留的时间近三个小时。

(4) 在案的间接证据能够互相印证，形成完整的证据锁链。本案经查证属实的间接证据能够互相印证，互相支撑，共同证明失窃的时间段、郭某在失窃时间段的行动轨迹，以及并无身着黑衣出售老物件的男子存在，可以得出郭某为躲避他人，潜入现场近三个小时，而后往返三次搬运四袋物品的行窃结论。

关于估价鉴定结论是否可以采信。根据《价格认定规定》明确了价格认定机构的工作范围，价格认定机构今后开展价格认定工作不需要提供相关证明。价格认定结论书不是鉴定意见，而是价格认证部门依职权出具的公文书证，本案的两份价格认定书符合法定形式，可予采信。

福建省厦门市海沧区人民法院依照《中华人民共和国刑法》第二百六十四条、第六十四条之规定，判决如下：

一、被告人郭某犯盗窃罪，判处有期徒刑二年八个月，并处罚金人民5000 元；

二、随案移送的电动车一辆、罪证衣服一件、鞋子一双，依法予以没收。

被告人郭某持原审辩解提出上诉。福建省厦门市中级人民法院同意一审法院的裁判意见，依照《中华人民共和国刑事诉讼法》第二百三十六条第一款第一项之规定，裁定如下：

驳回上诉，维持原判。

【法官后语】

在盗窃案件中，因行为隐蔽、过程平和，在缺乏直接证据的情况下，行为人常作无罪辩解，案件审判容易陷入困境。如何把握无直接证据的“零口供”案件的证据审查要点，运用好证据规则，是司法实践的难点。

一、多项审查证据，锁定案件事实

首先，侦破过程奠定基础。案件侦破过程是否客观、自然，影响对整个案件事实的把握和认定，在案件材料中至关重要。本案公安机关在接到被害人的报警电话后立即通过走访调查、现场勘察、调取监控展开侦查，锁定犯罪嫌疑人为本案被告人并于当日抓获犯罪嫌疑人，与此同时查获涉案物品予以扣押，遂将被告人书面传唤至公安机关进行调查。可见，从被害人的报警、公安机关的侦查启动和目标锁定看出，该案侦破迅速，侦破过程中形成的间接证据客观、自然、合法。

其次，正向分析客观证据。对于“零口供”案件，证据审查的突破口自然从被告人的供述等主观性证据转向物证、书证、监控视频等客观性证据。指向性越单一、证明事项越明确，其证明力越强。本案现场卫星图片示意图、现场方位示意图、现场平面结构示意图、情况说明，表明失窃老宅的方位情况及布局，后门巷道为南北向道路，为死胡同，巷道布有监控两个。根据监控视频的内容显示，案发时间段前后除出现被告人进、出院子及三次用编织袋搬运物品外，仅有被害人于18时14分左右到铁皮棚院子收棉被，以及被害人家的租客于21时10分左右骑电动车回租住处。涉案物品经辨认正是案发老宅所丢失的物品。上述客观性证据均单一、明确指向郭某作案，具有极强的证明力。

最后，反向增强内心确信。判断辩解理由的合理与否，能够反向增强法官的内心确信，确定案件事实。本案被告人对涉案查扣物品的来源及行为可能性作出辩解，称通过收购和捡得取得财物，其腿有伤不能作案。经分析，第一，监控视频排除现场收赃可能。案发现场后门巷道进出口为唯一通道，监控视频未出现过与被告人描述相一致的男子，被告人滞留现场近三小时，其无法做出解释。在被害人出现时，有人影刻意回避，待被害人走后，人影朝老宅后门走去，后可辨该人影系被告人。第二，失窃物品特点排除异地收赃、拾得可能。被告人住处搜查出的物品具有较强的人身关联性、私密性和缅怀意义，不具有收购赃物应具有的牟利价值，并且从两地隔海相望的地理位置可排除丢弃可能。第三，现场勘查确认作案可能。失窃现场杂物间西侧放置一架木梯及一架竹梯，且查扣赃物时，木质构件已经损坏，不能作案的理由无法令人信服。综上，被告人的无罪辩解理由与客观证据证明的事实相互矛盾，不能成立，反向增强了被告人实施盗窃的内心确信。

二、建构证明体系，得出排他结论

在审查单项间接证据的证据能力和证明力的基础上，需要建立各项证据之间的连结点，形成完整证据锁链，才能达到定罪的证明要求。同时，运用逻辑推理和经验法则审查串联后的证据链条所对应的案件事实，确保整体过程符合逻辑、严谨合理，结论唯一，才得以定罪处罚。

本案报警登记表、被害人陈述、证人证言证据能够相互印证被害人老宅被盗，搜查、辨认笔录相互印证在被告人暂住处起获的涉案物品系被害人老宅被窃之物，被害人陈述、证人证言、现场勘查检查工作记录、视频资料、侦破经过、被告人供述相互证明失窃时点、被告人在失窃时间段的行动轨迹，排除收购怀疑，形成完整的证据链条，足以得出被告人行窃结论，该结论推理过程符合逻辑和经验。

本案论证过程严谨合理、环环相扣、层层递进，得出的结论唯一、肯定、排他，为此类犯罪行为和犯罪过程较为隐蔽的“零口供”案件应如何审查和运用证据定罪处罚提供了清晰的审判思路参考。

编写人：福建省厦门市海沧区人民法院　黄少斌　邱碧蓉

49

帮助信息网络犯罪活动罪中被告人提供通讯传输技术支持主观明知的认定

——李某等帮助信息网络犯罪活动案

【案件基本信息】

1. 裁判书字号

吉林省长春市宽城区人民法院（2022）吉0103刑初52号刑事判决书

2. 案由：帮助信息网络犯罪活动罪

【基本案情】

2021年3月，被告人李某花钱雇用被告人王某、何某自行研发一款聊天软件，李某伙同被告人刘某向他人出售该聊天软件，王某、何某负责维护软件，2021年5月王某、何某参与出售聊天软件。李某、王某、何某、刘某作为网络平台服务者允许他人在账号关联的二维码上添加某品牌客服、某公司客服等身份，并将账号出售给他人使用从事犯罪活动。至2021年9月，李某销售软件的违法所得为人民币159446.13元；王某销售软件的违法所得为人民币114482.08元；何某销售软件的违法所得为人民币57241.04元；刘某销售软件的违法所得为人民币19069.80元。经核实，通过此聊天软件李某1在长春市家中被电信诈骗人民币12800元；张某在家中被电信诈骗人民币20021.01元；颜某在江苏省常州市被电信诈骗人民币1899.01元。

【案件焦点】

帮助信息网络犯罪活动案件，被告人辩解不知道开发出售的聊天软件被利用于犯罪，如何根据在案证据定罪。

【法院裁判要旨】

吉林省长春市宽城区人民法院经审理认为：在互联网时代，网络平台服务者既是信息网络技术创新的主导者、国家经济转型升级的助推者，同时也是网络社会的治理者、网络安全的维护者。被告人李某、王某、何某、刘某作为网络平台服务者明知他人利用信息网络实施犯罪，仍为其犯罪提供通讯支持，情节严重，其行为均已构成帮助信息网络犯罪活动罪。公诉机关指控罪名成立，应予支持。李某、王某、刘某自愿如实供述自己的罪行，承认指控的犯罪事实，愿意接受处罚，可以依法从宽处理。对李某辩护人、王某辩护人、刘某辩护人相关的辩护意见予以采纳。关于王某的辩护人提出王某系从犯的辩护意见，经查，在本次犯罪中各被告人作用相当，不宜区分主、从犯。

吉林省长春市宽城区人民法依照《中华人民共和国刑法》第二百八十七条之二、第四十五条、第四十七条、第五十二条、第五十三条、第六十四条，《中华人民共和国刑事诉讼法》第十五条，作出如下判决：

一、被告人李某犯帮助信息网络犯罪活动罪，判处有期徒刑一年，并处罚金人民币 2 万元；

二、被告人王某犯帮助信息网络犯罪活动罪，判处有期徒刑十个月，并处罚金人民币 2 万元；

三、被告人何某犯帮助信息网络犯罪活动罪，判处有期徒刑十个月，并处罚金人民币 2 万元；

四、被告人刘某犯帮助信息网络犯罪活动罪，判处有期徒刑八个月，并处罚金人民币 1 万元；

五、追缴被告人李某违法所得人民币 159446.13 元；追缴被告人王某违法所得人民币 114482.08 元；追缴被告人何某违法所得人民币 57241.04 元；追缴被告人刘某违法所得人民币 19069.80 元。

该案宣判后，各被告人均未上诉，公诉机关未抗诉。

【法官后语】

本案处理重点主要在于对被告人主观明知的认定。《最高人民法院、最高人民检察院关于办理非法利用信息网络、帮助信息网络犯罪活动等刑事案件适用法律若干问题的解释》第十一条对明知的认定作了专门的规定。

具体到本案中，可以从以下六个方面认定被告人是明知的：

1. 四被告人均供述过购买其开发的客服系统大部分都是电信诈骗的人，购买后向对方提供账号、密码和登录地址，登录上系统后可生成二维码，电信诈骗分子就用二维码骗人，被害人用微信扫描二维码后需关注微信公众号，关注后点击“点此联系客服”的按钮就跳转链接至被告人开发的客服软件里，在客服软件里电信诈骗分子就开始诈骗被害人。

2. 四被告人系聊天客户系统的平台服务提供者，虽然无法对购买客户的网络平台信息作出事前审查，但对存储在网络平台服务器的信息具有充分的控制性与支配力，具备准确定位违法信息并采取移除措施的技术能力。各被告人均有权限登录客户系统，可以看到后台的数据，包括用户名、聊天记录等信息，被告人均知晓他人利用其提供的软件实施犯罪，但未按照网络安全法等法律法规履行停止提供服务、停止传输、消除等处置义务。

3. 当平台服务提供者发现服务对象利用信息网络从事犯罪活动时，即对他人利用信息网络实施犯罪具有主观明知，此时应当采取相应的制止措施并向有关机关报告。根据四被告人的供述，被告人均知晓某品牌二维码配图的人购买其客户系统，且四人均明知该客户并非某品牌工作人员，而是冒充工作人员骗钱，后因二维码无法扫出聊天对话框，王某和何某又多次生成新的二维码发给客户。被告人作为平台服务提供者不采取制止措施并继续为他人提供信息网络技术支持和帮助的，即可以认定其主观为明知，且行为可评价为帮助信息网络犯罪活动罪的犯罪实行行为，其行为具有违法性。

4. 李某、何某当庭供述开发的客户软件有风险提示，但作为平台服务提供者对非法行为或者非法信息具有明确认知并提供技术支持和帮助的，并不能因有风险提示就作为“避风港”而逃避责任。

5. 涉案客户聊天软件收费异常，根据各被告人供述，该软件日租60元，包月3000元或3500元，作为一款客户聊天软件，市面常见聊天软件绝大多数为免费，被告人出租软件价格明显偏离市场价值，交易方式明显不符合市场规律。

6. 涉案客户聊天软件操作不符合常规，用户若想进入该客户聊天软件，须先扫描二维码，再关注公众号，进而才能进入聊天系统。且该公众号是随机的，并非该聊天系统或者购买客服软件的公众号，公众号均是在纸飞机软件上购买的。被告人提供的客户聊天软件不是正常生产生活和网络服务所需，只属于为违法犯罪活动提供帮助的专门服务。

综上，可以认定各被告人主观上对涉案聊天软件被利用于犯罪是明知的。

编写人：吉林省长春市宽城区人民法院　刘玥辛

四、程 序

50

以居间合同为由介绍高利贷后产生的债务构成敲诈勒索罪

——何某敲诈勒索案

【案件基本信息】

1. 裁判书字号

四川省凉山彝族自治州中级人民法院（2021）川34刑终319号刑事判决书

2. 案由：敲诈勒索罪

【基本案情】

2014年8月，被告人何某经他人介绍与越西县“某小区”开发商罗某认识，后双方商议由何某为项目介绍融资借款，收取借款金额7%的居间服务费，并签订居间服务合同。2014年8月27日，通过何某居间，罗某从某公司借贷人民币268万元，以“某小区”项目房产为担保物，何某为保证人。2014年11月4日，何某以茶楼为抵押向某公司借款50万元，由罗某向何某出具50万元借条，钱用于工程开支，后罗某又向某公司借款50万元，共计从某公司借款368万元。随后，经何某居间，罗某先后在某典当行、汪某处借款600余万元。因何某为某公司借款保证人，便与罗某、李某商议，借款及房产项目的收入统一由何某开支监管，用于偿还借款本金、利息及房产项目其他开支。

2015年年初，何某安排王某在“某小区”项目部进行房屋销售，王某将销售的房款转账给何某，并随时向何某汇报房屋销售情况及财产情况。2015年7月，何某发现罗某、李某在其不知情的情况下，继续向汪某等借款，便与李某对账，李某对“对账单”中某公司违约金额65万元支出提出异议。随后，何某在越西“某小区”售楼部以言语威胁，强迫罗某、李某在该支付明细上签字、捺印，明细中包括“汇通违约金”65万元，并计算入最终垫付总和。而后，何某经咨询律师后知道“支付明细”无法形成债权，便找到罗某、李某，采用言语威胁手段强迫罗某于2015年7月31日将“支付明细”上的垫资金额写成向何某借款187.5606万元的“借条”。为实现债权，何某找到李某某为其讨要债务，承诺给付讨债金额的10%作为报酬，并与李某某虚构三角债关系，以李某某名义向罗某讨要债务。

2015年10月29日，李某某邀约贾某某共同到越西县找罗某讨要债务。10月30日何某将借款金额降为124.3326万元，并采取言语威胁、控制人身自由等手段逼罗某归还，罗某迫于无奈，同意以房抵债，与李某某签订了10套商品房买卖合同并到房管部门进行备案，而后罗某才被放回。

【案件焦点】

1. 何某向被害人罗某催收债务的行为是否属于民刑交叉案件；2. 何某的犯罪金额如何认定。

【法院裁判要旨】

四川省越西县人民法院经审理认为：被告人何某虽为罗某在某公司借款的担保人，并在借款协议中约定违约金，但罗某在某公司借款期满后，被告人未向某公司支付过本金利息及违约金，某公司也未向被告人何某提出过偿还本金利息及违约金，根据罗某与某公司签订的抵押担保借款合同约定，借款期限为三个月，被告人何某为担保人，承担连带担保责任。被告人何某与被害人罗某在签订对账单时，已过保证期限，被告人何某将不再承担担保责任。根据某公司杨某于2017年6月12日向本院起诉罗某及李某民间借贷案的调解书内容可认定被告人何某在对账单中虚构65万元违约金的事实已经构成非法占有的主观目的。被告人何某采用言语威胁的行为强迫罗某签订对账单及借条，并采用非法限制人身自由的方式讨要债务，迫使罗某签订10套房屋买卖合同并办理备案登记来实现其债权，其行为构成敲诈勒索罪。根据被告人何某与罗某之间签订的对账单及借条金额为187.5606万元，经双方对账，扣除签订借条后罗某向被告人偿还的63.228万元后，尚欠124.3326万元。罗某与李某某对尚欠的金额签订10套房屋买卖合同并登记备案，将备案的房屋售出4套，获利68万元，李某将售出备案房屋款全部支付给李某某，李某某扣除好处费及债务后，将剩余款项支付给被告人何某。由于被告人何某与罗某之间不仅存在虚构某公司违约金65万元，还包括其他债权债务。根据现有的事实及证据不能查清该备案房屋获利的68万元系支付的违约金65万元还是其他债权债务，故，根据有利于被告的原则，可按公诉机关指控的犯罪金额认定本案被告的犯罪金额为65万元，但酌情认定为未遂为宜。

四川省越西县人民法院判决如下：

以敲诈勒索罪，判处被告人何某有期徒刑三年，并处罚金人民币5万元。

一审判决后，被告人何某不服一审判决向四川省凉山彝族自治州中级人民法院提出上诉。四川省凉山彝族自治州中级人民法院同意一审判决意见，裁定如下：

驳回上诉，维持原判。

【法官后语】

本案的争议焦点为何某向被害人罗某催收债务的行为是否属于民刑交叉案件

一、何某构成敲诈勒索罪

根据《中华人民共和国刑法》第二百七十四条的规定，敲诈勒索公私财物，数额较大或者多次敲诈勒索的，处三年以下有期徒刑、拘役或者管制，并处或者单处罚金；数额巨大或者有其他严重情节的，处三年以上十年以下有期徒刑，并处罚金；数额特别巨大或者有其他特别严重情节的，处十年以上有期徒刑，并处罚金。行为人主观上是否具有非法占有的目的，客观上是否采用了威胁、胁迫等方式是认定本罪的关键。

本案中，何某以非法占有为目的，利用其担保人身份非法设立其债权人地位，以恐吓、限制人身自由等方式向被害人索取财物，虽具有担保人身份，但与被害人产生债权债务关系的债权人并未对担保人主张担保责任，其亦并未实际向债权人履行过担保义务，在无合法授权的情况下，却以债权人地位自居对被害人确立65万元债权，以打欠条的方式迫使被害人承认其债权人地位，并安排指使他人以恐吓、限制人身自由等非法方式向被害人追讨该款项，上诉人（原审被告人）何某的上述行为具有非法占有他人财物的目的，并为此实施了相关软暴力行为逼迫被害人就范，其行为符合敲诈勒索罪的构成要件，构成敲诈勒索罪。

二、何某的犯罪金额如何认定

从全案证据来看，何某与罗某之间签订的对账单及借条金额为187.5606万元，经双方对账，扣除签订借条后罗某向被告人偿还的63.228万元后，尚欠124.3326万元。罗某与李某某对尚欠的金额签订10套房屋买卖合同并登记备案，将备案的房屋售出4套，获利68万元，李某将售出备案房屋款全部支付给李某某，李某某扣除好处费及债务后，将剩余款项支付给被告人何某。由于被告人何某与罗某之间不仅存在虚构某公司违约金65万元，还包括其他债权债务。根据现有的事实及证据不能查清该备案房屋获利的68万元系支付的违约金65万元还是其他债权债务，故，根据有利于被告的原则，认定本案被告人的犯罪金额为65万元，但酌情认定为未遂。

综上，在认定敲诈勒索罪时，要求行为人主观上必须“非法占有”，直接故意。客观方面表现为以威胁或者要挟的方法，迫使被害人因恐惧而交付财物。

编写人：四川省越西县人民法院　卢莉

51

和某某滥伐林木附带民事公益诉讼请求的审查

——和某某滥伐林木公益诉讼案

【案件基本信息】

1. 裁判书字号

云南省兰坪白族普米族自治县人民法院（2022）云3325刑初149号刑事附带民事判决书

2. 案由：滥伐林木罪

【基本案情】

2021年12月30日，被告人和某某因家中修建房屋需要，在某县林业和草原局办理了7立方米的林木采伐许可证，许可采伐树种为云南松。2022年1月10日至25日，被告人和某某雇请同村和某甲、和某乙，在某村委会罗古箐“扫处贡”自家林权范围内，用油锯机及斧头采伐了12棵林木。经司法鉴定中心鉴定，其中10株为松科冷杉属的冷杉，1株为松科属的华山松，1株为山茶梾木荷属的银木荷。12株林木立木蓄积合计为：52.1486立方米，超伐林木45.1486立方米。

附带民事公益诉讼起诉人兰坪县人民检察院向本院提出诉讼请求：（1）请求判令被告和某某在2023年春季（3—4月）在某村村道两旁就地恢复植被面积1334平方米，种植雪松容器苗36株。（2）请求判令被告和某某向县级以上媒体公开赔礼道歉。

【案件焦点】

关于检察机关提起公益诉讼的程序以及诉讼请求的审查。

【法院裁判要旨】

云南省兰坪白族普米族自治县人民法院经审理认为：被告人和某某违反森林法规，未按照林木采伐许可证规定的数量、树种，任意采伐林木，超出立木蓄积达 45.1486 立方米，数量较大，应当以滥伐林木罪追究其刑事责任。公诉机关指控成立。被告人和某某经电话传唤后主动到案，并如实供述自己的罪行，属自首，自愿认罪认罚，可以从轻或者减轻处罚。积极缴纳罚金，酌情从轻处罚。对被告人和某某适用缓刑对所居住的社区没有重大不良影响，可以宣告缓刑，随案移送的作案工具油锯机及斧头应依法予以没收。公诉机关量刑建议适当。附带民事公益诉讼被告和某某滥伐林木的行为破坏了生态环境和森林资源，侵害了社会公众利益，应当承担侵权责任。根据《最高人民法院关于审理环境民事公益诉讼案件适用法律若干问题的解释》第十八条的规定，对破坏生态损害社会公共利益的行为，原告可以请求被告承担停止侵害、排除妨碍、消除危险、修复生态环境、赔偿损失、赔礼道歉等民事责任。刑事附带民事公益诉讼起诉人兰坪县人民检察院向本院提起附带民事公益诉讼，要求被告人按照植被恢复方案补植并公开致歉的诉讼请求符合法律规定，予以支持。

云南省兰坪白族普米族自治县人民法院依照《中华人民共和国刑法》第三百四十五条第二款、第五十二条、第六十四条、第六十七条第一款、第七十二条、第七十三条，《中华人民共和国民法典》第一千二百三十四条，《中华人民共和国刑事诉讼法》第一百零一条第二款、第十五条、第二百零一条，《中华人民共和国民事诉讼法》第五十八条第二款，《最高人民法院关于审理破坏森林资源刑事案件具体应用法律若干问题的解释》第五条第一款第一项、第六条，《最高人民法院、最高人民检察院关于检察公益诉讼案件适用法律若干问题的解释》第二十条，《最高人民法院关于审理环境民事公益诉讼案件适用法律若干问题的解释》第十八条、第二十条，《最高人民法院关于审理森林资源民事纠纷案件适用法律若干问题的解释》第十七条之规定，作出如下判决：

一、被告人和某某犯滥伐林木罪，判处有期徒刑一年二个月，缓刑二年，并处罚金5000元（已缴纳）；缓刑考验期限，从判决确定之日起计算；

二、随案移送的作案工具油锯机2台、斧头1把依法没收，予以销毁；

三、由附带民事公益诉讼被告和某某按照《某县林业和草原局植被恢复方案》的要求于2023年4月30日前在兰坪县某村民委员会村道两旁就地恢复种植雪松容器苗36株；

四、由附带民事公益诉讼被告和某某于判决生效之日在兰坪县人民法院微信公众号上公开赔礼道歉（道歉内容由本院审核同意）。

一审判决后，被告未提起上诉，检察机关未提起抗诉，该判决已发生法律效力。

【法官后语】

本案处理重点主要在于关于检察机关提起公益诉讼的程序以及诉讼请求的审查。

关于提起公益诉讼的主体问题。本案中兰坪县人民检察院于2022年9月13日公告了案件相关情况，公告期内未有法律规定的机关和有关组织提起民事公益诉讼。根据《最高人民法院、最高人民检察院关于检察公益诉讼案件适用法律若干问题的解释》第十三条的规定，人民检察院在履行职责中发现破坏生态环境和资源保护等损害社会公共利益的行为，拟提起公益诉讼的，应当依法公告，公告期间为三十日。公告期满，法律规定的机关和有关组织、英雄烈士等的近亲属不提起诉讼的，人民检察院可以向人民法院提起诉讼。故本案在经过公示后无相关组织提出公益诉讼，检察机关提起公益诉讼主体适格。

关于检察机关提起公益诉讼，根据《最高人民法院关于审理环境民事公益诉讼案件适用法律若干问题的解释》第十八条的规定，对污染环境、破坏生态，已经损害社会公共利益或者具有损害社会公共利益重大风险的行为，原告可以请求被告承担停止侵害、排除妨碍、消除危险、修复生态环境、赔偿损失、赔礼道歉等民事责任。本案中，刑事附带民事公益诉讼起诉人向本院提出的诉讼请求为要求被告进行补植以及赔礼道歉。关于环境污染、生态破坏类型的公益诉讼，在无法就地恢复的情况下可进行替代性修复，在无法修复或者本人无法实现修复的情况下再考虑进行经济赔偿的方式。被告人无经济能力进行修复，但补植复绿也能够起到更好的惩戒作用。本案中，经过主管部门进行评估研究制作的修复方案是根据当地环境具体情况作出的替代性修复方案，方案内容与该类案件审理的精神一致，既可以充分发挥惩罚教育与示范引领的作用，也能起到以案释法，处理一起教育一片的作用。故，针对该类公益诉讼案件，应当根据案件的具体情况和被告的经济赔偿能力以及补植复绿的可操作性来进行综合考量，作出有利于环境恢复的处理方案。

编写人：云南省兰坪白族普米族自治县人民法院　和继开

ISBN 978-7-5216-4360-2

图书在版编目（CIP）数据

中国法院2024年度案例．刑事案例．一／国家法官学院，最高人民法院司法案例研究院编．—北京：中国法制出版社，2024.5

ISBN 978-7-5216-4360-2

Ⅰ．①中… Ⅱ．①国… ②最… Ⅲ．①刑事犯罪-案例-汇编-中国 Ⅳ．①D920.5

中国国家版本馆CIP数据核字（2024）第054848号

策划编辑：李小草　韩璐玮（hanluwei666@163.com）

责任编辑：白天园　　封面设计：李宁

中国法院2024年度案例．刑事案例．一

ZHONGGUO FAYUAN 2024 NIANDU ANLI. XINGSHI ANLI. YI

编者/国家法官学院，最高人民法院司法案例研究院

经销/新华书店

印刷/三河市紫恒印装有限公司

开本/730毫米×1030毫米　16开　　印张/14.5　字数/172千

版次/2024年5月第1版　　2024年5月第1次印刷

中国法制出版社出版

书号ISBN 978-7-5216-4360-2　　定价：68.00元

北京市西城区西便门西里甲16号西便门办公区

邮政编码：100053　　传真：010-63141600

网址：http://www.zgfzs.com　　**编辑部电话：010-63141792**

市场营销部电话：010-63141612　　**印务部电话：010-63141606**

（如有印装质量问题，请与本社印务部联系。）